H. de BARENTON

JEANNE D'ARC FRANCISCAINE

PARIS
Action Franciscaine, 117, Boulevad Raspail.

COUVIN (Belgique)
Maison Saint Roch

JEANNE D'ARC

FRANCISCAINE

H. de BARENTON

JEANNE D'ARC

FRANCISCAINE

Études nouvelles sur son étendard et sur ses relations

avec les Franciscains

d'après les documents originaux

PARIS
« ACTION FRANCISCAINE »
117, Brd. Raspail, 117

COUVIN
MAISON SAINT ROCH
(Belgique)

1909

« Je l'aimais quarante fois mieux que mon épée. »

AVIS AU LECTEUR

« *Il n'y a de salut qu'en moi* », disait Jeanne d'Arc à
Baudricourt, alors qu'elle sollicitait la grâce d'être conduite auprès du Dauphin, pour lui rendre son royaume.

Un autre jour, interrogée sur son signe, le signe de sa
mission, elle disait : « *Mon signe durera mille ans et plus* ».

Ces paroles rapprochées l'une de l'autre ne signifient-
elles pas que Jeanne, donnée un jour pour le salut de la
France, continue d'être la vierge à qui le Seigneur a confié
la destinée de notre patrie. Comme au temps du Dauphin
Charles, c'est en elle qu'il nous faut espérer : « *Il n'y a de
salut qu'en elle* ».

La délivrance de la patrie foulée aux pieds par les Anglais n'a été que la première partie de sa mission. Son rôle,
son signe, comme elle disait, doit durer mille ans et plus.
L'Eglise vient de la placer sur les autels ; n'est-ce pas nous
dire que le temps de sa seconde mission va commencer? Les
nouveaux ennemis, qui déchirent la France et dévorent ses
entrailles, sont cent fois plus terribles que les Anglais de
Bedford. Ce sont les Francs-Maçons, les Sans-Dieu et les
Sans-Patrie. Nous avons donc grand besoin que Jeanne
d'Arc se lève de nouveau pour les « bouter dehors ».

Mais la France, il y a cinq siècles, n'obtint pas du ciel le
don de Jeanne sans s'être préparée à le recevoir. Elle s'y
disposa par la prière et la pénitence. Or, dans cette croisade
préliminaire de prière et de pénitence, les Franciscains
des trois ordres jouèrent un rôle prépondérant. Ils en furent
les véritables promoteurs. C'est pour cela, sans doute, qu'ils

méritèrent d'être mêlés, d'une manière très active, à l'œuvre de la Pucelle. Dieu leur confia l'âme de son élue. Ils en firent leur sœur par la simplicité de la vie, par l'amour de Dieu et des hommes, par la passion de la croix et du sacrifice. Elle vécut de leur esprit. Ils l'entourèrent de leurs soins pendant son enfance; ils l'accompagnèrent durant sa vie sur le champ de bataille: ils travaillèrent après sa mort à faire reviser l'inique procès qui l'avait envoyée au supplice. Ils furent ses pères selon l'esprit, elle fut et reste leur gloire. Pendant que Bernardin de Sienne et Jean de Capistran illustraient le premier Ordre, pendant que Colette de Corbie renouvelait les gloires du second Ordre, Jeanne auréolait le Tiers-Ordre d'un éclat qu'il n'avait jamais connu.

Cependant ces merveilleuses relations de Jeanne avec les trois Ordres franciscains, ainsi que la question si importante de son étendard ont été mal comprises par la plupart des auteurs. Même les meilleurs, tels que Dunand, Debout, Ayrolles, les ont plus ou moins dénaturées. Nous voulons les restituer à la vérité historique. Aussi tout notre travail est-il écrit uniquement d'après les documents contemporains.

Nous diviserons notre travail en cinq parties: 1° Jeanne d'Arc patriote; — 2° son étendard; — 3° la vaillante guerrière; — 4° la tertiaire franciscaine; — 5° la sainte.

REMARQUE

Notre étude sur Jeanne est faite tout entière d'après les documents originaux. Pour abréger, parfois nous omettons d'indiquer ces sources; nos citations alors sont empruntées aux pièces du procès et autres documents publiés par Quicherat; — un ou deux documents qui ne se trouvent pas dans Quicherat sont empruntés à Ayrolles. Par ailleurs nous indiquons nos sources.

JEANNE D'ARC

PATRIOTE

LA FRANCE EN 1429. — Au commencement du XV⁰ siècle, la France vaincue en plusieurs rencontres, à Crécy, Poitiers, Azincourt, était tombée, presque tout entière, aux mains des Anglais. — Un traité, signé à Troyes en 1420, avait consacré cette ruine de notre patrie d'une façon qui semblait définitive; d'après ce traité, notre roi Charles VI devait être le dernier roi de France, et sa couronne, à sa mort, devait passer à Henri VI, roi d'Angleterre. Charles VI mourut deux ans après; et Henri VI fut proclamé roi de France et d'Angleterre. — *Les deux centres de l'unité nationale*, Paris, le centre politique, et l'Université, le centre intellectuel et moral, trahissant la cause patriotique, étaient passés à l'étranger et avaient embrassé le parti des Anglais.

Quelques villes, au sud de la Loire, constituaient tout le royaume de notre pauvre roi national et légitime, Charles VII. Et Orléans, la clef de ce royaume minuscule, assiégée par des troupes nombreuses, était sur le point de succomber. C'était à bref délai la ruine totale de notre pays. *La France devenait colonie anglaise comme fut l'Amérique au XVIII⁰ siècle, comme sont aujourd'hui les Indes.*

JEANNE D'ARC, LA BONNE LORRAINE. — Sur les Marches de Lorraine, à l'Orient de la France, à Domrémy, une humble enfant de douze ans gardait ses troupeaux. Elle avait en-

tendu souvent raconter les malheurs du royaume de France.
Son cœur pleurait et sa prière montait fervente vers le ciel.

Son âme en effet aimait la France. « *Jamais*, disait-elle
un jour, *je n'ai vu de sang français répandu que les cheveux
ne me levassent.* » — Autour d'elle tous vivaient ce même
amour. A Domrémy, tous les habitants étaient *Armagnacs*,
c'est-à-dire partisans du dauphin Charles ; un seul était *Bourguignon*, c'est-à-dire partisan des Anglais. Personnellement,
Jeanne entretenait de bons rapports avec lui. Néanmoins
« comme ennemi de la France, racontait-elle plus tard, j'au-
rais bien voulu qu'il ait la tête tranchée, si cependant tel eût
été le bon plaisir de Dieu. » Son patriotisme n'admettait pas
de compromissions.

LES VOIX DU CIEL. — Un jour qu'elle priait, l'Archange
saint Michel lui apparut et lui raconta, comme elle témoigna
plus tard à ses juges, *la grande pitié qui était au royaume
de France.* Puis : « Va, fille de Dieu, lui dit-il, Dieu t'a choisie
pour délivrer la France. Pars, il le faut. » — Jeanne se met
à trembler et à sangloter : « Je suis une pauvre fille, répondit-
elle, je ne sais ni monter à cheval, ni faire la guerre. » —
Et l'Archange répète « *Pars, va en France, il le faut.* »

Jeanne hésita longtemps, mais les voix de ses saintes,
Catherine et Marguerite, se joignant à celle de l'Archange ne
cessaient de lui redire : « Va, Dieu sera ton aide ; tu rendras
au vrai roi son beau royaume de France ».

Son patriotisme et sa foi la mirent au-dessus de toutes les
difficultés. Elle partit : « Quand il me faudrait user mes jambes
jusqu'aux genoux, disait-elle, j'irai. »

JEANNE, LA LIBÉRATRICE. — Alors on vit un spectacle
qu'aucun siècle n'avait jamais contemplé : une toute jeune
fille de dix-sept ans, une bergère sans culture, « exécute ce
dessein étrange, improbable, absurde si l'on veut, que les
hommes ne pouvaient faire, de sauver son pays. Elle l'exé-

« Va, fille de Dieu, pars, va en France, il le faut ! »

cute malgré tout le monde et malgré les siens. Elle traverse la France ravagée et déserte, les routes infestées de brigands; elle s'impose à la cour de Charles VII, se jette dans la guerre; et, dans les camps qu'elle n'a jamais vus, dans les combats rien ne l'étonne; elle plonge, intrépide, au milieu des épées; blessée toujours, découragée jamais, elle rassure les vieux soldats, entraine tout le peuple, et personne n'ose plus avoir peur de rien. Tout est sauvé. » (Michelet, *Jeanne d'Arc.*)

Si le nom de la France est resté inscrit parmi les nations c'est à Jeanne que nous le devons. Nous avons ce bonheur, nous autres Français, *que la patrie chez nous est née du cœur de deux femmes* : Clotilde, par ses prières, obtenant la victoire au camp de Tolbiac, Jeanne, par sa tendresse, ses larmes, son sang, reprenant à l'étranger nos provinces perdues.

Le patriotisme de Jeanne, patriotisme chrétien. — Le patriotisme de Jeanne d'Arc, qui lui fit accomplir de si grandes choses, était un patriotisme chrétien. A ses yeux le *royaume de France appartenait d'abord à Dieu et au Christ.* Le roi n'était que le lieutenant de Dieu. Et, si elle venait lui rendre son trône, c'est que le Christ en avait décidé ainsi.

Quand elle s'en vint à Vaucouleurs demander au sire de Baudricourt de la conduire à Charles VII : « Je viens, lui dit-elle, afin de porter secours au Dauphin. Ce n'est pas à Charles qu'appartient le royaume de France, c'est à mon Seigneur; mais mon Seigneur veut que le dauphin devienne roi et qu'il ait ce royaume de la main de mon Seigneur. Oui, en dépit de ses ennemis Charles sera roi : moi-même je le conduirai au sacre.

— Et quel est ton Seigneur, interrogea Baudricourt.

— Le roi du Ciel. »

A Chinon, dans une de ses entrevues avec Charles VII, elle voulut faire comprendre au roi lui-même cette grande idée qu'elle avait de la France et comment son royaume, avant de lui appartenir, était d'abord au Christ. Elle se trouvait en la compagnie du jeune prince. Tout à coup se tournant vers lui : « J'ai un présent à vous demander, dit-elle. Promettez de me l'accorder ». Le roi promit. Aussitôt Jeanne : « Je veux, sire, que vous me fassiez don de votre royaume ». Le roi demeura tout ébahi; il lui accorda cependant. Alors Jeanne en fit dresser la charte par quatre notaires royaux et solennellement en fit donner lecture. Puis montrant le roi à ses courtisans : « Voici, dit-elle, le plus pauvre chevalier du royaume ». — *Et aussitôt, en présence desdits notaires, et comme maîtresse du royaume de France, elle en fit remise à Dieu, roi du Ciel.* — Puis un peu après, par mandement du roi du Ciel, elle investit Charles lui-même de ce royaume de France. Et de toutes ces choses elle voulut qu'il fût fait une charte solennelle.

La France, royaume de Jésus, royaume de Marie. — Cette royauté de Dieu sur la France, Jeanne l'avait inscrite sur son étendard. On y voyait le Christ-roi avec ces mots **Jhesus Maria**. Et elle attribuait toutes ses victoires à son étendard, c'est-à-dire à Jésus et à Marie : « La victoire de moi ou de l'étendard, disait-elle, tout était à notre Seigneur ». La France devenait ainsi, par droit de conquête, le royaume de Jésus et de Marie et le roi n'était que le lieutenant de Dieu.

Notre Patrie aujourd'hui est aux mains d'ennemis plus terribles que les Anglais, elle est *aux mains des Francs-Maçons et des Athées.* Français, si nous voulons « *les bouter dehors*», dressons de nouveau la bannière de Jeanne, **Jhesus Maria**. N'ayons, comme Jeanne, d'autre ambition que de rétablir le règne de Dieu dans notre pays et, *pendant que nous bataillerons, Dieu donnera la victoire.* »

LA BANNIÈRE DE JEANNE D'ARC

Nous venons de dire que Jeanne attibuait ses victoires à son étendard, quel était donc cet étendard ?

On a longuement discuté sur la bannière de Jeanne d'Arc. Beaucoup de descriptions cependant en ont été données soit par Jeanne elle-même, soit par des témoins oculaires, soit par des contemporains bien informés. Mais lorsqu'il s'agit de la reconstituer avec tous ces éléments, les auteurs hésitent et ne peuvent se mettre d'accord.

Nous allons placer tous les documents sous les yeux de nos lecteurs et essayer, à notre tour, une reconstitution, d'après les monuments similaires de la même époque.

Au xvᵉ siècle, on se servait, à l'armée, de deux sortes d'étendards, la bannière et le pennon. La bannière était une pièce d'étoffe, en soie le plus souvent, de forme carrée ou rectangulaire, attachée par l'un des côtés, au sommet d'une hampe. Cette hampe se terminait par un fer de lance. L'extrémité flottante se terminait parfois par deux ou plusieurs pointes appelées queues. — Le pennon était une moitié de bannière coupée en diagonale. Il affectait donc la forme d'un triangle rectangle.

Tout chevalier n'avait pas droit au pennon ni à la bannière. Le pennon était accordé aux chevaliers suzerains qui pouvaient réunir autour d'eux au moins vingt chevaliers vassaux. La bannière était le privilège des puissants suzerains qui commandaient à cinquante chevaliers et à leur suite d'archers et d'arbalétriers; on les appelait chevaliers bannerets. Voici en quels termes un cérémonial du xvᵉ siècle décrit la création d'un chevalier banneret : « Quant un bachelier a grandement servi et suivi la guerre et que il a terre assez et qu'il puisse avoir gentilshommes, ses hommes, et pour accompagner sa bannière, il peut licitement lever bannière et non autrement; car nul homme ne doit porter ni lever bannière en batailles, s'il n'a du moins cinquante hommes d'armes, tous ses hommes, et les archiers et arbalétriers qui y appartiennent. Et, s'il les a, il doit, à la première bataille où il se trouvera, apporter un pennon de ses armes et doit venir au connestable ou aux mareschaux ou a celui qui sera lieutenant de l'ost, pour le prince requérir qu'il porte bannière, et s'ils lui octroient, doit sommer les heraulx pour tesmoisgnage et doivent coupper la queue du pennon et alors le doit porter et lever avant les autres bannières au dessoubs des autres barons. »

L'étendard de Jeanne était-il une bannière ou un pennon ?

Si l'on s'en rapporte aux textes, il semble que l'étendard de Jeanne tenait à la fois de la bannière et du pennon; il tenait de la bannière, parce qu'il avait un champ large vers la hampe; il se rapprochait du pennon, parce qu'il se terminait par une queue. C'était donc une bannière se terminant par un pennon. La condition de Jeanne, qui avait l'autorité de chef d'armée sans en avoir les titres officiels, explique ce caractère hybride de son étendard.

Voici les textes qui autorisent nos conclusions :

Dans certaines dépositions, l'étendard de Jeanne est appelé bannière : «Interrogée si, au siège d'Orléans, elle avait un étendard ou bannière et de quelle couleur il était; elle répondit qu'elle avait un étendard semé de fleurs de lis.» D'après cet interrogatoire il s'agit bien d'une bannière (1). Ailleurs ce même étendard est appelé pennon ou pannonceau: « Interrogée si les gens d'armes et autres gens de guerre firent

___

(1) « Interrogata utrum quando ivit Aurelianis habebat vexillum gallice « estendart ou bannière, et cujus coloris erat : respondit quod habebat « vexillum cujus campus erat seminatus liliis. » Quicherat. *Procès de com-damnation et de réhabilitation.* T. I. p. 78.

faire des pannonceaux à la manière du sien, répond : « Il est bon à savoir que les « seigneurs maintenaient leurs armés. »

Cette bannière et ce pannonceau ne constituaient qu'un seul et même étendard. Jeanne, en effet, a déclaré à ses juges qu'elle n'en eut jamais qu'un seul : « Interrogée si en cet estendart le monde est peint et les deux anges… répond que oui et n'en eut jamais qu'un (1). »

D'autres textes enfin font comprendre que, dans l'étendard de Jeanne, c'est la présence d'une queue unique, comme dans les pennons ordinaires, qui lui fit donner ce nom de pennon. En plusieurs textes, en effet, il est parlé de la queue de son étendard et l'on n'en signale jamais qu'une : « Jeanne, la queue de votre étendart touche au mur », dit le *Mistère du siège,* ainsi que le *Journal du siège* (2). Cette queue unique portait le nom de pennon et fit donner, semble-t-il, ce nom à tout l'étendard, comme le montre bien cet autre texte du *Journal du siège* : « Il y avait moult merveilleuse presse à toucher à elle ou au cheval sus quoi elle était, tellement que l'un de ceux qui portaient les torches s'approcha tant de son estendart que le feu prit au pennon. » Il s'agit bien ici de l'extrémité de l'étendard terminée en pointe ou en queue et cette extrémité, on la désigne sous le nom de pennon.

La description la plus complète de l'étendard de Jeanne nous est donnée dans le *Mistère du siège d'Orléans,* presque contemporain des événements.

Un estendart avoir je vueil	Et au dessus notablement
Tout blanc, sans nul autre couleur	Sera une Majesté
Où dedans sera un souleil	Pourtraicte bien et jolyment
Reluisant ainsi qu'en chaleur	Faicte de grant autorité.
Et au milieu, en grant honneur,	Aux deux coustez seront assis
En lectre d'or escrit sera	Deux anges : que chacun tiendra
Ces deux mots du digne valleur	En la main une fleur de liz
Qui sont cest : **Ave** (*lisez* **I h s**) **Maria**	L'autre le souleil soustiendra.

____

(1) Quicherat T. I. p. 117.
(2) Vers 13 299. Quicherat T. IV p. 161.

L'ÉTENDARD

DE

JEANNE D'ARC

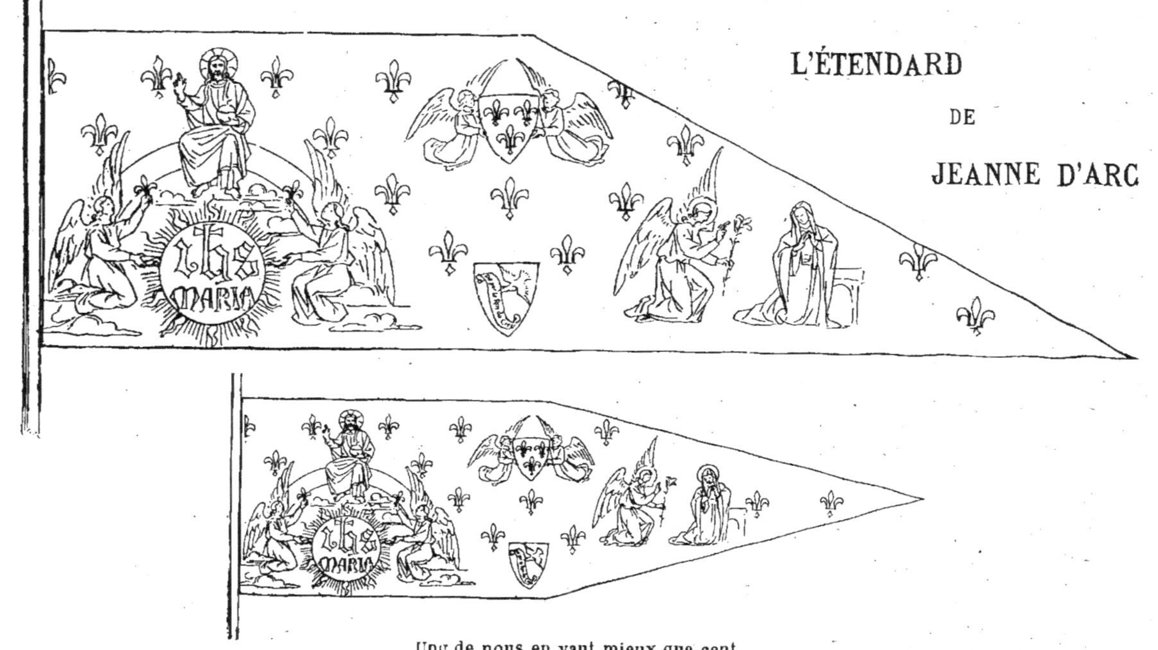

Ung de nous en vaut mieux que cent
Soubs l'estendart de la Pucelle.

« Mistère d'Orléans, vers 12.232.33. »

Les douze premiers vers exposent, d'une manière très claire et très nette, le premier groupe des peintures que portait la bannière de Jeanne : « *Un souleil au milieu duquel était écrit* Jhesus Maria — et une *Majesté.* »

Ce soleil, portant les noms Jhesus Maria, a fort embarrassé les interprètes. Jusqu'à ce jour, aucun n'a réussi à en percer le mystère. Cependant, pour qui connaît la grande dévotion franciscaine au nom de Jésus, prêchée alors par saint Bernardin de Sienne et saint Jean de Capistran en Italie, par sainte Colette et le célèbre frère Richard en France, et en général par tous les Franciscains de l'Observance dans le monde entier, rien n'est si simple que de reconstituer cette peinture de l'étendard. Voici, en effet, ce qu'on lit dans la vie de saint Bernardin. Il prêchait à Bologne en 1424. Sa parole avait obtenu son résultat habituel. A la fin du carême, toute la population convertie avait, sur la place publique, dans un immense auto-da-fé, fait le sacrifice de ses vaines parures et de ses instruments de jeux, des cartes et dés, etc. Un des fabricants de cartes, ruiné par ce changement introduit dans les mœurs, vint se plaindre amèrement à Bernardin : « N'as-tu pas un autre métier ? lui demanda le saint. — Non. — Eh bien ! si tu fais ce que je te dirai, tu auras de quoi vivre. — Je le ferai volontiers. » Alors Bernardin prend un compas, trace un cercle sur une tablette et peint le trigramme de Jésus, I H S, entouré de rayons : « Fais de même, lui dit-il, et tu gagneras l'argent qui t'est nécessaire. » L'artisan suivit le conseil et vendit tant de tablettes, qu'il amassa plus d'argent que lorsqu'il peignait des cartes.

Cette forme de la dévotion au nom de Jésus était connue et propagée en France du temps de Jeanne d'Arc. Nous n'en donnons ici qu'un témoignage qui suffit, à lui seul, à le prouver. Le célèbre franciscain, frère Richard, était sans nul doute au temps de Jeanne, le plus célèbre prédicateur de son temps. A Paris comme en Champagne, les foules accouraient par milliers pour l'entendre. Or il répandait partout autour de lui la dévotion bernardinienne au nom de Jésus.

« Pour vrai, écrit Jean Chiffart, le faux bourgeois de Paris, partisan des Anglais, le Cordelier qui prêcha aux Innocents et assembla tant de peuples à son sermon, comme il a été dit; pour vrai, il chevauchait avec les Armagnacs. Aussitôt que ceux de Paris furent certains qu'il chevauchait ainsi et que par ses discours, il faisait ainsi tourner les cités qui avaient fait serment au régent de France ou à ses délégués, ils le maudissaient de Dieu et des saints, et qui pis est, dépit de lui ils recommencèrent les jeux de tables, de boules, dés, bref tous ceux qu'il avait défendus. Ils laissèrent même une médaille d'étain sur laquelle était empreint le nom de Jhesus, qu'il leur avait fait prendre et prirent tous la croix de saint André. »

Qui ne reconnaît, dans F. Richard, un disciple de saint Bernardin? Il prend à son actif ses auto-da-fé et ses tablettes du nom de Jhesus. On ne peut donc douter que la dévotion au nom de Jésus, sous sa forme franciscaine, n'ait été connue de Jeanne (1).

Le nom de Jésus, que Jeanne fit peindre dans un soleil n'est donc qu'une copie de la célèbre tablette de saint Bernardin. Elle ajouta au nom divin celui de Marie, selon un usage usité en France notamment par sainte Colette et ailleurs par saint Jean de Capistran. Sainte Colette, dans toutes ses lettres, inscrivait les deux noms unis par une croix. La forme du soleil et du nom de Jésus que nous avons reproduite dans notre dessin est celle-même qu'avait adoptée saint Bernardin : elle est empruntée aux documents de l'époque.

Ce nom de Jésus, dans son soleil, constituait la partie principale et la plus apparente de l'étendard de Jeanne. C'est lui qui frappait le plus les regards et c'est lui que remarquèrent le plus les ennemis de la Pucelle.

---

(1) Cette même dévotion au nom de Jésus alla grandissant dans l'Ordre franciscain pendant tout le quinzième siècle; et l'on voit Bernardin de Bustis composer le bel office de ce saint Nom qui fut dès lors autorisé pour les Franciscains et étendu à toute l'Église par un décret du pape Innocent XIII en 1721.

« En ce temps-là, écrit Jean Chiffart, le faux bourgeois de Paris, les Armagnacs firent lever le siège d'Orléans et en firent de force partir les Anglais. Cette pucelle allait partout avec eux, armée, portant son étendart où il n'y avait d'écrit que le mot Jhesus ».

L'étendart de Jeanne dessiné dans la marge d'un registre du Parlement de Paris et daté de 1429 ne porte sur le champ que le trigramme **IHS**. Dans l'interrogatoire de Rouen les juges insistent sur cette inscription, qui leur paraît caractériser l'étendard de la Pucelle ainsi que les étendards composés à l'image du sien : « Interrogée si les compagnons de guerre ne faisaient point mettre en leur pennonceaux Jhesus Maria, répond... »

Enfin, la *Chronique des Cordeliers* dit également : « Elle arbora un étendard sur lequel elle avait fait inscrire Jhesus. » Et elle ajoute : « Avec cela elle admonestait les gens au nom de Jésus et elle faisait des preschements pour inviter le peuple à se rendre à lui et à obéir au Dauphin ».

Quelle était exactement la place occupée par cette inscription ? Jeanne l'indique dans son interrogatoire : « Interrogée si les noms de Jhesus Maria étaient écrits à la partie supérieure ou inférieure, ou sur le côté ; elle répond qu'ils étaient écrits sur le côté, comme il lui semble. » Cette inscription devait donc être placée sur le côté de l'étendard, c'est-à-dire dans la partie qui touchait la hampe. De plus, elle occupait la moitié inférieure de cette partie latérale, puisque, nous le verrons de suite, la moitié supérieure était occupée par la *Majesté*. C'est cette position, à la fois latérale et inférieure, qui fait hésiter Jeanne dans sa réponse, quand on lui demande si les noms de Jhesus Maria étaient inscrits sur le côté ou à la partie supérieure ou à la partie inférieure. Cette place, près de la hampe, lui semblait *sicut ei videtur*, à juste titre, devoir être appelée latérale plutôt que inférieure. Cependant elle pouvait, en un sens, être dite inférieure. C'est cette particularité qui explique et justifie, à notre avis, l'indécision de sa réponse, mal comprise par la plupart des auteurs.

2° Le *Mistère du siège d'Orléans* décrit ainsi la peinture qui se trouvait au-dessus du soleil :

> Et au-dessus notablement
> Sera une majesté
> Pourtraicte bien et jolyment.
> Faicte de grant autorité.

En quoi consistait cette Majesté? Jeanne et les chroniqueurs de l'époque en donnent une description détaillée et précise.

« Interrogée si, quand elle alla à Orléans, elle avait un étendart ou bannière et de quelle couleur il était, elle répondit qu'elle avait un étendart dont le champ était semé de lis et *où le monde était représenté* et deux anges à coté » (1).

Cette représentation du monde était alors fixée d'après un type conventionnel, conforme à la pensée chrétienne et partout en usage dans l'iconagraphie; on y voyait Jésus dans sa majesté, tenant le globe en ses mains, assis sur les nuées éclairées de l'arc-en-ciel, et adoré par les anges (2). Voici du reste la description :

(1) Quicherat T. I. p. 78.

(2) Ce type de la Majesté est emprunté aux descriptions évangéliques marquant le jugement dernier : *Et tunc parebit signum Filii hominis in cœlo. Videbunt Filium hominis venientem in nubibus cœli cum virtute magna et majestate.* Math. 24.30. Et 25,31 : *« Cum autem venerit Filius hominis in Majestate sua et omnes angeli cum eo, tunc sedebitis super sedem majestatis suœ »*

« Alors apparaîtra le signe du Fils de l'homme dans le ciel (la croix et l'arc-en-ciel sont appelés le signe de Dieu dans le ciel); on verra le Fils de l'homme venir sur les nuées du ciel, dans une grande puissance et majesté. Quand viendra le Fils de l'homme dans sa Majesté, accompagné de tous ses anges, alors vous *siégerez* à ses côtés sur le siège de sa Majesté. » Dans la Majesté inscrite sur la bannière de Jeanne, ce sont les anges qui sont *assis* à côté du Fils de l'homme.

Le plus souvent, comme dans la bannière de Jeanne, ces Majestés font partie d'une composition plus ample dont elles sont le couronnement. Voir cette disposition dans Cahier : *Caractéristique des Saints.* Au mot *Bannière* p. 113 on trouve une Majesté formant la partie supérieure d'un sujet plus ample dont la Vierge, représentant l'Église, forme la partie inférieure. A la page 28, au mot *Amande*, on voit le Christ assis sur l'arc-en-ciel dans une

« Interrogée quelle signifiance c'était de peindre Dieu tenant le monde et ses deux anges; répond que sainte Catherine et sainte Marguerite lui dirent qu'elle le prît et le portât hardiment et qu'elle fît mettre en peinture là le roi du ciel (1) ».

Le Fr. Pasquerel, aumônier de Jeanne, nous apprend que le Sauveur était assis sur les nuées du ciel : « *Imago Salvatoris nostri, sedentis in judicio, in nubibus cœli*» (2). Eberhardt et la *Chronique belge* disent qu'il était assis sur l'arc-en-ciel et qu'il montrait ses plaies; de la main droite il bénissait.

Nous avons dit que de chaque côté de la Majesté se tenaient deux anges. Citons le témoignage d'Eberhard de Windeckem.

« La jeune fille marchait avec la bannière qui était faite de soie blanche, et sur laquelle était peint Notre-Seigneur Dieu assis sur l'arc-en-ciel, montrant ses plaies et ayant de chaque côté un ange qui tenait un lis à la main » (3).

Quelle était l'attitude de ces anges?

D'abord ils étaient assis. *Le Mistère d'Orléans* le dit expressément et l'iconographie du moyen âge justifie cette attitude (4).

> Aux deux coustés seront *assis*
> Deux anges.

D'une main ils tenaient une fleur de lis et de l'autre ils soutenaient le soleil, où était inscrit le nom de Jésus.

> Deux anges : que chacun tiendra
> En la main une fleur de liz
> L'autre le soleil soutiendra

---

amande et les anges assis soutenant cette amande. C'est bien à tort, croyons nous, que M. E. Eude, dans son étude parue au *Cosmos* sur la bannière de Jeanne, veut voir dans le *soleil en chaleur* peint sur l'étendard une simple amande. Il n'y a aucun rapport entre une amande et un soleil, même au point de vue iconographique.

(1) Quicherat T. I. p. 117. — (2) Quicherat T. II. p. 103.

(3) Dans Quicherat *Procés de Jeanne d'Arc*.

(4) M. Eude, dans le *Cosmos*, n'a pu se faire une idée de ces anges assis « Que faut-il entendre par ces anges *assis, sedentes* ? Nous avons pensé que cela voulait dire agenouillés de telle sorte qu'ils fussent assis sur leurs talons

Entrée de Jeanne à Orléans

Et quand, à Rouen, les juges demandèrent à Jeanne pour quelle raison elle avait fait ainsi représenter les anges, elle répondit simplement « pour l'honneur de Notre-Seigneur qui était figuré tenant le monde ». Les anges par leur geste de tenir le trigramme de Jésus, manifestaient le nom de Celui qui était assis en Majesté, Jésus, fils de Marie.

De la sorte le soleil, la Majesté et les anges ne formaient qu'un seul tableau harmonisé pour exprimer la même idée : Jésus-Christ, fils de Marie, gouvernant et dirigeant le monde par le ministère des anges. C'est ce qu'exprime bien le *Journal du siège*, quand il expose ainsi l'origine de l'étendard : « Il (le roi) voulut et ordonna qu'elle eût un étendart, sur lequel, par son vouloir à elle, l'on fit peindre une Majesté et mettre pour devise : Jhesus Maria ».

3° La Majesté que nous venons de décrire, avec le nom de Jésus, ne remplissait que la partie de l'étendard qui touchait la hampe; une autre peinture décorait la portion qui se terminait en queue ou pennon. C'était une *Annonciation*. Emile Eude, dans son étude sur la bannière de Jeanne parue au *Cosmos*, prétend que cette Annonciation était placée au revers de la bannière; mais le seul texte qui désigne clairement sa place dit qu'elle se trouvait au pennon. Citons les documents.

« Et faisoit porter devant elle, dit le *Journal du siège*, son estendart qui estoit blanc, ouquel avoit deux anges tenans chacun une fleur de liz en leur main; et ou panon estoit paincte comme une Annonciation (c'est l'image de Notre-Dame ayant devant elle ung ange lui présentant un liz) (1) ».

---

ou sur l'un de leurs talons » Cosmos 1894 T. I. p. 373. Cette attitude, dans la reproduction qu'il donne en image, il n'en a pas tenu compte et place ses anges simplement un genou en terre. Le P. Cahier au mot *Amande* donne un exemple frappant de cette attitude d'anges assis soutenant l'amande. C'est elle que nous avons reproduite dans notre dessin de la bannière.

(1) Quicherat T. IV. p. 152. C'est ce texte qui a fait croire à certains auteurs que le pennon de Jeanne était différent de sa bannière. Mais de l'ensemble des textes il résulte clairement que l'image de la Vierge était sur le

Perceval de Cagny, écuyer du duc d'Alençon, qui accompagna Jeanne dans toutes ses campagnes, dit de même: «Elle fist faire ung estandart ouquel estait l'image de Nostre-Dame (2) ».

Outre ces deux grandes peintures, l'étendard de Jeanne portait encore deux écus, le sien et celui de France. Le *Livre noir* de la Rochelle dit en effet : « Outre les fleurs de lys, l'image de Dieu et les mots *Jhesus Maria*, il y eut sur l'esten-dart... un écusson... un escu d'azur et un coulon blanc dedans iceluy estoit, lequel coulon tenoit un role en son bec où avait escrit : *De par le roy du ciel* (3). »

Le témoignage de Perceval complète celui du *Livre Noir* : « La Pucelle print son estandart ousquel estoit empaincturé Dieu en sa majesté et de l'austre côté... et ung escu de France tenu par deux anges » (4).

Quicherat et beaucoup de commentateurs pensent qu'il faut lire après de l'austre côté : « l'image de Nostre Dame »; nous croyons qu'il faut suppléer également : « un escu d'azur et un coulon blanc... », comme plus haut. Nous avons déterminé la place de l'Annonciation. Quant aux écus de France et de Jeanne. Quelle était leur place ? On les met ordinairement au revers de l'étendard. Nous croyons encore qu'on a mal interprété le texte assez clair pourtant. Perceval dit que sur l'étendard était peint (d'un côté) Dieu dans sa Majesté et « *de l'autre côté...* l'écu de France ». Que faut-il entendre ici par côtés ? Est-ce l'envers et l'endroit ? Nous ne le pensons pas. Nous estimons au contraire que, lorsque ces auteurs parlent de côtés dans l'étendard, il faut entendre la partie qui avoisine la hampe (côté de la hampe), et la partie qui avoisine le pennon (côté de la queue). Pour appuyer ce sentiment

---

même étendard que celle de Notre Seigneur. Voir plus bas en note le texte de Doyen de Saint-Thibaud.

(2) Loc. cit. p. 5.
(3) *Revue historique* 1887 T. IV. p. 338.
(4) Quicherat T. IV. p. 5.

nous avons, comme il est exposé plus haut, la réponse de Jeanne elle-même. Interrogée si les noms *Jhesus Maria* étaient inscrit sur l'étendard en haut, en bas, sur le côté, elle répond : « Sur le côté ». Sa réponse n'aurait pas de sens si ce mot côté signifiait l'endroit ou l'envers. Il signifiait la partie qui avoisine la hampe.

Du reste cette disposition des peintures sur l'étendard satisfait d'abord beaucoup mieux aux lois de la symétrie, comme on peut s'en rendre compte sur notre dessin. Ensuite, comme l'exposent les documents, l'étendard était fait en boucassin c'est-à-dire en cette toile légère que l'on teignait ordinairement en bleu ou en rouge et qui servait de doublure aux tentes sur les galères. Elle était importée de Venise en notre pays. Certains auteurs comme Eudes, dans son article cité plus haut (1), traduisent boucassin par bougran, toile encolée, rigide, mais rien n'appuie une telle traduction. Or le boucassin n'aurait pas supporté une peinture sur les deux faces. Force est donc de reconnaître que l'envers de la bannière de Jeanne n'avait pas de figures ni d'emblêmes (2).

Un dernier détail à noter, c'est que tout le champ de l'étendard était semé de fleurs de lys : « Elle répondit qu'elle avait un étendard dont le champ était semé de lys. » De plus

---

(1) *Cosmos* 1894 Juin p. 371.

(2) Voici quelques autres textes concernant la bannière de Jeanne : « Et faisoit porter après elle une noble bannière paincturée de la benoiste Trinité et de la benoiste Vierge Marie ». Le Doyen de Saint Thibaud. Quich. IV-322. Ce texte montre bien que les deux peintures représentant Notre Seigneur et la Vierge étaient sur la même bannière et donne tort à ceux qui veulent que Jeanne ait eu deux étendards, l'un portant l'image de Notre Seigneur et l'autre, celle de la Vierge.

« Et esleva un estendart où elle fist pindre la représentacion de nostre Créateur. » Monstrelet dans Quicherat T. IV. p. 362.

« A Hauves Poulnoir, peintre demeurant à Tours pour avoir paint et baillé estoffes pour ung grant estendart et ung petit pour la Pucelle, 25 livres tournois ». Treizième et dernier compte d'Ibémon Ragnier dans *Traité de la Noblesse* Chap. 43 par de Laroque.

Ce second étendard de la Pucelle est sans doute la bannière des prêtres qu'elle fit faire pour précéder l'armée et présider à la prière. Cette bannière était peinte, en effet, et représentait Jésus en croix, accompagné de sa mère et de saint Jean.

Entrée de Jeanne à Orléans.

cet étendard était frangé de soie : « Il était de couleur blanche et de toile blanche ou boucassin et frangé de soie. » (1)

Tel fut l'étendard de Jeanne, où elle avait voulu donner
un témoignage éclatant de sa piété et aussi exprimer son
amour de la pauvreté. Tous les étendards de l'armée, ceux
mêmes qui étaient faits à l'imitation du sien, étaient de soie ;
celui de Jeanne était de vile toile, de boucassin.

Elle aimait son étendard « beaucoup plus, disait-elle, et
même quarante fois mieux que son épée ». Ses victoires, elle
les attribuait à Notre-Seigneur et à son étendard.

Elle engageait les troupes qui la suivaient à prendre et
arborer un étendard semblable au sien. Et, si les grands
capitaines et seigneurs refusèrent de suivre son conseil,
nous savons que les soldats des communes, les communiers,
s'y conformèrent, et ce sont eux, semble-t-il, qui partout
décidèrent la victoire. Ecoutons encore les témoignages.

« Interrogée si les gens d'armes et autres gens de guerre
firent faire pennonceauls à la manière du sien, respond : « Il
est bon à savoir que les seigneurs maintenaient leurs armes.»
Item respond : « Les aucuns compaignons de guerre en firent
faire à leur plaisir et les autres non... les compaignons de
guerre aucunes fois en faisoient faire à la semblance des siens
et ne faisoient cela fors pour congnoistre les siens des
autres. » (2)

« Interrogée si elle leur disoit de porter avec courage ces
estendarts et qu'ils auroient bonne fortune, elle respondit
qu'elle le leur avoit bien dit, que cela estoit arrivé ainsi et que
cela arriveroit encore. » (3)

---

(1) Voir Quicherat T. I. p. 96 117 et 180. — (2) Quicherat T. I. p. 28. —
(3) Quicherat loc. cit.

Restons sur ces paroles de Jeanne : son étendard était un acte de foi au Christ Jésus, roi du monde, roi des nations, et elle lui attribuait le secret de ses victoires. Bien plus par une sorte de vision prophétique elle ajouta que « cela était arrivé ainsi et que cela arriverait encore ». Donc arborons de nouveau l'étendard de Jeanne contre les ennemis de la France et de l'Eglise, dans ses plis il nous apportera la victoire.

JEANNE D'ARC
LA GUERRIÈRE

De mauvais Français, ennemis de Jeanne d'Arc, Thalamas et Cie, ont nié la valeur militaire de notre héroïne nationale. Ils ont contesté son courage devant l'ennemi ; ils ont prétendu que ses triomphes avaient été fort modestes et que la gloire en devait être rapportée aux généraux qui l'accompagnaient. Pour répondre à cette infâme calomnie, écoutons le témoignage de ceux qui combattirent avec elle et interrogeons les faits.

LE TÉMOIGNAGE DU DUC D'ALENÇON. — Le duc d'Alençon accompagna Jeanne dans presque toutes ses campagnes. Voici ce qu'il dit de sa valeur militaire : « En toutes choses, hors du fait de guerre, elle était simple et comme une jeune fille ; mais, au fait de la guerre, elle était fort habile, soit à porter la lance, soit à rassembler une armée, soit à ordonner les batailles ou à disposer l'artillerie. Et tous s'étonnaient de lui voir déployer dans la guerre l'habileté et la prévoyance d'un capitaine exercé par une pratique de vingt ou trente ans; mais on l'admirait surtout dans l'emploi de l'artillerie, où elle avait une habileté consommée ». (Voir Quicherat *Procès de réhabilitation*).

Aussi des écrivains militaires modernes n'ont pas craint de la comparer à Napoléon lui-même. Mais pour son génie, elle ne peut être comparée à aucun capitaine, fût-il Napoléon ou César; *car son conseil venait du Ciel, elle écoutait la voix de ses saintes, et ces voix lui enseignaient le chemin de la victoire.*

Le secret de la victoire. — Le secret de sa victoire était dans son étendard portant le nom invincible de Jhésus; — il était dans sa confiance au secours du Ciel et au courage de ses soldats : « Nos gens batailleront, disait-elle, et Dieu donnera la victoire ».

Avant de raconter ses exploits, il nous faut décrire son armure. Jeanne reçut l'armure des chevaliers de ce temps là : le casque ou heaume, la cuirasse, les jambières, les brassards de fer. Ses voix lui révélèrent la présence d'une épée, marquée de cinq croix, dans l'église de Sainte-Catherine de Fierbois, en lui disant qu'elle lui était destinée. On la trouva selon qu'elle l'avait prédit ; et elle devint son arme des batailles.

Cependant son horreur du sang l'empêcha de se servir jamais de son épée pour donner la mort. Elle la laissait ordinairement dans son fourreau. L'arme, en qui elle avait confiance, était sa bannière, comme nous l'avons exposé, dessinée d'après les indications de saint Michel, de sainte Catherine et de sainte Marguerite.

Le siège d'Orléans. — Orléans était investi depuis le 12 octobre 1428 par une forte armée anglaise sous les ordres de Talbot. Un fossé et de puissantes bastilles l'entouraient des trois quarts. Le 29 avril 1429, Jeanne avec l'armée française arrive devant la ville et y pénètre avec La Hire et deux cents hommes. Le 4 mai son armée la rejoignit. Les chefs

La guerrière.

veulent attaquer sans elle et sont mis en déroute. Jeanne accourt, ramène la victoire et enlève la bastille de Saint-Loup. Le 6 mai elle s'empare de la bastille des Augustins et, le 7 elle est blessée, comme elle l'avait prédit, au pied de la bastille des Tournelles qu'elle emporte d'assaut. Le 8 les Anglais lèvent le siège. *Quatre jours avaient suffi à tant de victoires.*

CAMPAGNE DE LA LOIRE. — Après la délivrance d'Orléans, Jeanne reçut du roi l'ordre de chasser les Anglais des bords de la Loire. Le 12 juin elle s'empare de Jargeau, tue 1.200 Anglais et fait tous les autres prisonniers ; puis elle prend Beaugency et Meung. A Patay, elle tue ou fait prisonniers 4.000 hommes, avec Talbot leur général. Les Anglais chassés de partout quittèrent le bassin de la Loire.

MARCHE SUR REIMS, CONQUÊTE DE LA CHAMPAGNE. — Alors à grand'peine, Jeanne décida le roi à partir pour Reims où il devait être couronné. Il fallait traverser la Champagne ralliée au parti des Anglais. Toutes les villes s'apprêtent à résister. Jeanne force Troyes et Châlons à capituler. Reims alors ouvre ses portes sans résistance. La Champagne était conquise. Le roi fut couronné au milieu de l'enthousiasme universel. Durant la cérémonie, Jeanne voulut se tenir debout près du roi avec son étendard, disant : « *Il a été à la peine, il est juste qu'il soit à l'honneur.* » C'était le 17 juillet. Deux mois et demi avaient suffi à tant de conquêtes.

LA MARCHE VERS PARIS. — Après le sacre Jeanne voulait marcher droit sur Paris. Le roi hésita longtemps. En attendant Jeanne procura la soumission de Soissons, Laon, Château-Thierry, Montmirail, Provins, Bray sur la Seine, Coulomniers, la Ferté-Milon, Crépy en Valois, Lagny-le-Sec, Thieux. On se battit à Montepilloy jusqu'à la nuit et Jeanne coucha sur le terrain. Par Crépy, Compiègne, Senlis et Saint-Denis, l'armée arriva sous Paris à la Chapelle, et le 8 septembre elle tenta l'assaut, à la porte Saint-Honoré (place du

Théâtre-Français). Bedford, son gouverneur, s'était enfui. A la nuit, Paris allait se rendre, lorsque, malgré Jeanne, les chefs sonnèrent la retraite. Jeanne obstinée resta seule sur les fossés, en disant : « *Je veux, je veux prendre la place.* » On dut l'emporter de force.

Alors Charles VII, qui voulait se reposer, donna l'ordre de reprendre le chemin de la Loire et licencia son armée. S'il avait suivi Jeanne, en quelques mois, tous les Anglais auraient été « *boutés dehors* ». Et il fallut 20 ans encore de luttes et beaucoup de sang versé pour libérer le sol de la patrie !

Les derniers combats, la trahison. — Jeanne, après avoir pris encore Saint-Pierre-le-Moutier, quitta le roi et sa cour de plaisirs et alla vers Lagny, Senlis et Compiègne, afin de les mettre en défense contre le duc de Bourgogne, partisan des Anglais. Mais ses Saintes lui avaient dit : « *Jeanne, tu seras prise, tu seras prise avant la Saint-Jean.* » Trahie deux fois à Soissons et à Compiègne, elle fut prise aux portes de cette ville, le 24 mai 1430.

Toujours au premier rang. Blessée quatre fois. — Dans tous ces combats, Jeanne, ordinairement au premier rang, fut blessée quatre fois : sous Orléans légèrement au pied et grièvement au cou par un trait qui lui traversa les chairs ; à Jargeau, renversée de l'échelle dans le fossé par une grosse pierre lancée du rempart ; sous Paris blessée grièvement par un trait qui lui traversa la jambe.

Jeanne de nouveau protège la France. — Peu de jours avant l'heure fatale, alors qu'elle priait dans une église de Compiègne, Jeanne se leva au milieu du peuple qui l'entourait : « *Mes enfants et mes amis,* dit-elle, *sachez que l'on m'a vendue et trahie. Bientôt je serai livrée à la mort. Aussi je vous supplie que vous priiez Dieu pour moi, car jamais plus je n'aurai la puissance de servir le roi ni le royaume de France.* »

Votre prophétie, ô Jeanne, se vérifia pour le temps de votre mission terrestre contre l'ennemi extérieur, l'Anglais.

La trahison brisa votre épée au milieu de vos triomphes.
Mais votre rôle ne devait être interrompu que pour un moment. Voici que de nouvelles voix, celles-là montant de la
terre de France crient vers vous angoissées, suppliantes :
*Viens, fille de Dieu, viens au secours de la France chré-
tienne qui se meurt.* » Une nouvelle mission commence pour
vous, Jeanne. Des Francs-maçons et des maîtres sans Dieu
venez nous délivrer.

LA TERTIAIRE

FRANCISCAINE

Jeanne d'Arc a racheté la France livrée aux Anglais,
la France devenue colonie britannique ; elle a fondé notre
glorieuse patrie. Son intervention a été considérée par
les croyants comme un prodige inouï dans l'histoire des
siècles et un miracle de la Toute-Puissance. Les libres-
penseurs en ont essayé diverses explications naturalistes,
mais elles se contredisent et se détruisent les unes les autres.

Depuis quelques années cependant, on s'est mis à étudier
avec plus de soin Jeanne d'Arc, dans sa vie intime, dans ses
pratiques, dans ses relations préférées, dans son milieu ; et le
secret de sa puissance s'est révélé aux yeux étonnés des historiens et a été reconnu par des incrédules eux-mêmes.
Jeanne trouva le secret de sa force dans son affiliation à la
famille franciscaine ; elle était tertiaire de saint François.
Son action libératrice avait été préparée de longue main par

les [divers groupements franciscains priant et faisant pénitence pour la France. Jeanne fut l'élue du Ciel pour mener à son terme l'œuvre commune entreprise par tous ses frères et sœurs en religion, les Franciscains du premier, du second et du troisième Ordre.

Il nous faut établir ces faits intéressants par les documents de l'époque.

L'existence d'un grand mouvement de prières, de supplications, de pénitence, en notre pays vers 1420 et 1430, est attestée et mise hors de doute par le témoignage de la Commission de Poitiers chargée d'examiner Jeanne d'Arc et de se prononcer sur sa mission. L'intervention de Dieu par l'entremise de cette pauvre bergère est représentée au roi comme la récompense de ce retour de la France vers la religion : « Ne renvoyez point cette jeune fille, dirent les docteurs à Charles ; Dieu peut bien avoir eu égard *à la pénitence assidue et aux prières* de son peuple et venir au secours de votre détresse et de votre royaume. »

Quelle fut l'origine et la nature de ce grand mouvement pénitenciel ? A cette question nous pouvons encore donner une réponse précise. Il fut franciscain et il prit naissance en Italie. Suscité au-delà des Alpes par les Franciscains réformés appelés Observants, il fut prêché partout, spécialement par saint Bernardin de Sienne (1380-1444) et par saint Jean de Capistran (1385-1456). Son développement en France fut surtout l'œuvre de sainte Colette de Corbie (1381-1447).

I. — Jeanne d'Arc et sainte Colette ; première entrevue. — D'abord recluse à Corbie, sur l'ordre de Dieu et avec l'agrément du Souverain Pontife, elle entreprit à l'âge de 25 ans la réforme des trois ordres franciscains en notre pays. Revêtue de la bure des Clarisses, pieds-nus, sans sandales, elle parcourut toutes les routes de France, établissant des maisons de prières et de pénitence. Les couvents franciscains du premier et du second Ordre, Observants et Clarisses, se fondèrent ou se réformèrent selon l'antique rigueur de la règle et se peuplèrent d'âmes ferventes. Les personnes du monde, en grand nombre, embrassèrent la vie religieuse franciscaine ou s'engagèrent dans le Tiers Ordre. Ainsi la seule famille des Bourbons Armagnacs donna au premier ou au second Ordre de saint François, six de ses membres. Jacques de Bourbon, roi de Naples et comte de la Marche, qui se fit lui-même frère mineur, appela notre sainte à Béziers et, avec le concours de son gendre, le comte d'Armagnac, il fit construire le monastère de Castres et restaurer celui de Lézignan.

Avant d'évangéliser la famille des Bourbons-Armagnacs, sainte Colette avait travaillé à faire pénétrer le feu de sa charité séraphique au sein même de la puissante maison de Bourgogne. Là elle avait osé soutenir la cause française. Vers 1412, année même de la naissance de Jeanne, on la trouve à Dijon auprès de la duchesse, pour négocier l'établissement de couvents de sa réforme, spécialement à Auxonne. Dès lors elle devint la confidente de la célèbre princesse. « L'autre chose mémorable faite par la première abbesse d'Auxonne, raconte son biographe, est la consolation qu'elle donna à la duchesse de Bourgogne, Madame Marguerite de Bavière, laquelle désolée des menées que son mari, Jean duc de Bourgogne, faisait en France, contre les ducs d'Orléans, d'Alençon et de Bourbon, s'était retirée en son château de Rouvre proche d'Auxonne. Car sainte Colette lui écrivait souvent plusieurs lettres consolatoires et l'envoyait visiter par les religieux de son couvent et aucunes fois elle y allait elle-même. Tant y a qu'elle ne servit pas peu à cette princesse laquelle en reconnaissance prit résolution de faire bâtir quatre couvents, deux pour les filles réformées de sainte Claire, et deux pour les Frères Mineurs (1). »

Ce serait lors de ce voyage à Dijon, que sainte Colette aurait eu l'occasion de voir Jeanne d'Arc, si l'on en croît un

_____

(1) « *Histoire de Bse Mère Colette* » par Claude Silvère, p. 180.

récit fort ancien, et l'aurait initiée à la vie et aux dévotions franciscaines.

Jeanne n'avait que sept mois, lit-on dans la *Vie des Saints* de Friard (1), publiée à Paris en 1627, lorsque la célèbre réformatrice franciscaine passa par Domrémy et reçut l'hospitalité dans la maison de Jacques d'Arc. Elle s'approcha du berceau de l'enfant, le bénit et y déposa son anneau qu'elle avait reçu du Ciel. Cet anneau était marqué de trois croix et des noms *Jhesus Maria.* C'est lui que Jeanne porta plus tard dans ses campagnes et qui intrigua si vivement ses juges, au procès de Rouen.

Cette première entrevue ne fut pas la dernière. Nous parlerons plus loin de la dernière et célèbre rencontre de Moulins.

II. — JEANNE D'ARC ET LES FRANCISCAINS DE VAUCOULEURS. — En 1428, alors que Jeanne était encore à Domrémy avec ses parents l'ennemi menaça d'envahir son village. C'était le pillage, peut-être le massacre et certainement la ruine. Tous les habitants s'enfuirent à Neufchâteau, emmenant leurs troupeaux. Jeanne y vint avec ses parents et reçut l'hospitalité chez une femme appelée *La Rousse.* Elle y resta une quinzaine de jours (2). A Neufchâteau, se trouvait un grand couvent de Frères Mineurs et un autre de Clarisses ; c'étaient les seuls couvents de Mendiants qui existassent en cette ville. Or, dans son procès, Jeanne déclare qu'elle s'adressa, *pour sa confession, annuelle,* quelquefois *A liquotiens,* c'est-à-dire comme il lui semble, deux ou trois fois, aux religieux Men-

(1) Nous n'avons pu trouver cette « Vie des Saints » de Friard pour consulter le texte lui-même. Mais nous avons le témoignage de Mme Bessonet-Favre dans son bel ouvrage « Jeanne d'Arc tertiaire de saint François ». Elle cite Friard d'après son édition de 1627 ; et, consultée par nous, elle a bien voulu nous confirmer qu'elle avait bien puisé ce témoignage dans la « Vie des saints » de Thomas Friard, édition de 1627, consultée par elle à Poitiers, à la « Vie de sainte Colette », au 6 mars.

(2) Jeanne d'Arc dans son interrogatoire au Procès dit qu'elle resta une quinzaine de jours à Neufchâteau. A l'enquête de réhabilitation, les témoins déclarent qu'elle y resta quatre ou cinq jours, *par quatuor aut quinque dies.*

diants de Neufchâteau, ce ne pouvait donc être qu'aux Frères Mineurs. Mais si Jeanne s'adressa deux ou trois fois aux Franciscains pour sa confession annuelle, que la loi ecclésiastique ordonnait de faire alors à son propre curé, on peut en conclure que, pour les confessions ordinaires de dévotion, elle devait s'adresser à eux fréquemment, sinon ordinairement (1). Peut-être la première entrevue doit-elle remonter aux environs de 1425, car c'est à cette époque que Jeanne commença de mener une vie toute de piété, comme celle des tertiaires (2).

Nous croyons que c'est dans ce couvent qu'elle se fit agréger au Tiers-Ordre. Nous venons de voir ses démarches personnelle à cette fin. Nous allons constater les démarches

---

(1) *Aliquotiens etiam, bis aut ter, prout, credit, confessa fuit religiosis mendicantibus. Et hoc erat apud dictam villam de Novocastro.* Procès 1, p. 51. Dans ce texte il n'est question que de deux ou trois fois, c'est un minimum. Si elle affirme ces deux ou trois fois, elle ne nie pas qu'elle se soit confessée à eux d'autres fois encore, mais sur ces questions de conscience elle avait coutume de répondre le moins possible. Ainsi nous savons par ailleurs qu'elle se confessait et communiait plusieurs fois la semaine et que, durant ses campagnes, elle se confessa au frère Richard franciscain. Cependant dans son procès « interrogée si elle se confessait chaque année elle répondit qu'elle se confessait chaque année à son curé et que s'il était empêché elle se confessait à un autre prêtre du consentement de son curé. Quelque fois aussi, deux ou trois fois, croit-elle, elle se confessa aux frères mendiants de Neufchateau.

« Interrogée si elle communiait à d'autres fêtes qu'à Pâques, elle répondit à celui qui l'interrogeait de passer à une autre question. » Quicherat. *loc. cit.*

« Interrogata utrum quolibet anno confitebatur peccata, respondit quod « sic et curato proprio, et quando curatus est impeditus confitebatur uni « alteri sacerdoti de licentia ipsius curati. Aliquotiens etiam bis aut ter, « prout credit, confessa fuit religiosis mendicantibus. Et hoc erat apud villam « de Novo Castro. Et recipiebat sacramentum Eucharistiæ in festo Paschæ.

« Interrogata utrum aliis festis quam in Pascha recipiebat ipsum Eucha- « ristiæ Sacramentum, dixit interroganti quod ipse trausiret ultra. »

Il est bien clair que Jeanne n'entend parler ici que de sa confession annuelle et de sa communion pascale obligatoires, les seules dont elle eût à rendre compte.

(2) Même, avant l'apparition de ses voix, Jeanne observait déjà certaines pratiques du Tiers-Ordre, spécialement le jeûne. Elle déclare en effet que, la veille de la première apparition, elle avait jeûné. Sans doute sa mère, ter-

« Va, Dieu t'a choisie pour délivrer la France ! »

des Frères Mineurs, pour prendre à son sujet les informations requises pour la réception des postulantes.

Le procès de réhabilitation pose aux témoins une question ainsi formulée :

« Le témoin a-t-il eu connaissance qu'au lieu d'origine de la Pucelle, il ait été fait quelque information judiciaire, au temps de la captivité de Jeanne aux mains des Anglais? »

Nous avons, sur cette information prescrite par les Anglais, les déclarations de Nicolas Bailly, notaire d'Andelot, qui par commission rogatoire fut chargé de l'enquête. Il cite le nom de ceux qui lui furent adjoints, ainsi que des principaux témoins interrogés. Tous les enquêteurs et témoins sont des laïques et aucun membre du clergé ne prit part à cette affaire.

Or, à côté de ces déclarations de Nicolas Bailly, confirmées du reste par Michel Lebuin, laboureur, domicilié à Bourey, on trouve, dans ce même procès de réhabilitation, deux autres témoignages, qui parlent d'une information faite sur Jeanne, à Domrémy, par des Frères Mineurs (1).

C'est d'abord Dominique Jacobi, curé de Moutiers-sur-

______

tiaire elle-même, l'avait habituée aux pratiques du Tiers-Ordre, dès son enfance ; et l'on aura attendu l'âge canonique pour la recevoir définitivement. Ce n'est, en effet, qu'à son départ pour Chinon que nous la verrons revêtir le costume des tertiaires.

(1) Michael Lebuin de Dompno-Remigio, in Bureyo agricola, Tullensis diœcesis, laborator ætatis XLIV annorum vel circa... dicit quod, cum dicta Johanna fuit capta, vidit quemdam nominatum Nicolaum Bailly, de Andeloco, qui cum quibusdam aliis venit ad dictam villam de Dompno-Remigio et ad instantiam domini Johannis de Torcenay, ballivi tunc Calvimontis, nomine asserti regis Franciæ et Anglicorum, fecit informationem super fama et conversatione, ut dicebatur, dictæ Johannæ, et ut sibi videtur, non audebant aliquos cogere ad jurandum propter illos de Vallis-Colore. Dixit quod credit quod Johannes Begot dictæ villæ fuit examinatus, quia erant hospitati in domo sua. Dixit etiam quod credit quod in informatione fienda, nullam mali causam super facto dictæ Johannæ. Nec aliud scit.

Sur cette enquête on a les témoignages de Nicolas Bailly lui-même et de Jean Jaquart. Nicolas Bailly était notaire royal à Andelot au diocèse de Langres et il fit l'enquête avec Gérard Petit, prévôt d'Andelot par commission de Jean de Torcenay, bailly de Caumont, du parti des Anglais. Ils étaient accompagnés d'un serviteur appelé Guyot. Parmi ceux qui furent interrogés on cite Jean Morelli, Jean Guillemette son père, Jean Colin, Jean Hennequin de Greu et plusieurs autres.

Saulx, au diocèse de Toul, âgé de 35 ans. » Il déclare sur ce point ne savoir autre chose, si ce n'est qu'il a entendu dire que quelques Frères Mineurs allèrent à Domrémy pour y faire une enquête ; mais il ignore s'ils la firent. »

C'est ensuite Beatrix, veuve d'Estellin, cultivateur à Domrémy, âgée de 80 ans. « Elle déclare avoir entendu dire qu'il alla des Frères Mineurs à Domrémy, pour y faire, disait-on, des informations. Mais elle ne sait rien autre, parce qu'on ne lui demanda rien. (1) »

Ce procès de réhabilitation fut fait en 1465, c'est-à-dire 35 ans après lès événements. C'est ce qui explique le vague de ces deux dernières réponses. Elles sont en contradiction avec celles de Michel Lebuin et de Nicolas Bailly. Ceux-ci bien informés racontent que l'enquête fut faite par des commissaires laïques. Dominique Jacobi et Béatrix Estellin disent qu'elle fut faite par des Frères Mineurs.

Comment concilier ces divers témoignages?

Nous croyons que la contradiction n'est qu'apparente. Interrogé sur l'enquête faite à Domrémy par les Anglais, Michel Lebuin et Nicolas Bailly répondent selon la question. Mais les deux autres témoins, l'un trop jeune pour avoir des souvenirs personnels, l'autre trop âgé pour avoir des souvenirs fermes et précis, disent qu'ils ont entendu dire qu'une enquête sur Jeanne avait été faite à Domrémy par les Frères Mineurs. Et ils ne précisent pas davantage.

De ces témoignages en apparence contradictoires on peut tirer, croyons-nous, les conclusions suivantes :

____

(1) « Discretus vir, Dominus Jacobi curatus ecclesiæ parochialis de « Monasterio-supra-Salinas, Tullensis diæcesis presbyter, ætatis xxxv annorum « vel circa...

« ... dixit se nihil aliud scire nisi quod alias audivit dici quod non nulli « Fratres Minores fuerunt præsenti in patria ad faciendam informationem ; sed « nescit si fecerint.

« Beatrix, relicta Estellini, laboratoris dictæ villæ de Dompno-Remigio, « ætatis LXXX annorum vel circa... dixit quod audivit dici, quod fuerunt Fra- « tres Minores in dicta villa, ad faciendum informationes ut dicebatur : nec « aliud scit quia nihil sibi petitum fuit.

1° Les Frères Mineurs firent à Domrémy une enquête sur Jeanne d'Arc (Témoignage de Jacobi et de Béatrix).

2° L'enquête faite au nom des Anglais ne fut pas confiée aux Frères Mineurs (Témoignage de Bailly et de Lebuin).

3° Donc l'enquête des Mineurs est différente de celle des Anglais et fut faite pour un autre but et en d'autres circonstances.

Quelles furent ces circonstances?

Siméon Luce croit que l'enquête des Mineurs se fit au nom du tribunal de Poitiers, établi par le dauphin Charles, pour juger de la mission de Jeanne. Il y a pour cette opinion une grande vraisemblance. L'un des juges chargés d'examiner Jeanne à Poitiers était le Frère Mineur Raphanel, confesseur de la reine. Il aura pu indiquer ses confrères de Domrémy pour cette enquête.

Mais on peut supposer également que cette information des Mineurs n'est autre que celle qu'on a coutume de faire au sujet des postulants au Tiers-Ordre avant leur admission. Et ainsi l'on aurait un double souvenir se rapportant au Tertiairat de Jeanne : ses deux ou trois voyages à Neufchâteau et l'enquête des Mineurs à Domrémy.

III. — JEANNE D'ARC ET LES PRATIQUES DU TIERS-ORDRE. — Les faits apportés jusqu'à présent montrent qu'il y eut de spéciales relations de confiance entre Jeanne et l'ordre de saint François; ils établissent la possibilité et même la vraisemblance de son affiliation au Tiers-Ordre. On peut résumer leur force probante de la manière suivante : Les Frères Mineurs à l'époque de Jeanne étaient grands propagateurs du Tiers-Ordre parmi les personnes pieuses qui les approchaient. Or nous savons que Jeanne fut en relations spéciales avec les Frères Mineurs et même, semble-t-il, avec sainte Colette; et ces relations, entre autres l'information faite à Domrémy et les diverses confessions faites à Neufchateau, sont de celles qui préparent habituellement l'agrégation des personnes pieuses au Tiers-Ordre. Donc de cet ensemble de faits on peut conclure non seulement à la possibilité mais à la très grande vraisemblance de l'affiliation de Jeanne d'Arc au Tiers-Ordre.

Les autres faits qu'il nous reste à exposer viennent apporter à ce premier faisceau de preuves, une force nouvelle que nous croyons décisive. Ils sont un témoignage positif en faveur de cette affiliation. Nous les résumons en cette proposition unique : *Jeanne d'Arc observait à la lettre les prescriptions spéciales de la règle du Tiers-Ordre franciscain ; donc elle était tertiaire.*

La critique historique admet pour établir la date et l'auteur d'un document deux sortes de preuves : le témoignage d'auteurs contemporains qui affirment son authenticité (critique externe) et l'examen attentif du texte et de l'écriture qui permettent de l'authentiquer avec presque autant de certitude que les témoignages extérieurs (critique interne).

Au sujet du Tertiairat de Jeanne, nous ne pouvons apporter de témoignages d'auteurs contemporains, nous ne pouvons produire l'acte d'affiliation. A cette impossibilité il y a une bonne raison. C'est qu'alors ce n'était pas l'usage, sauf de rares exceptions, de consigner par écrit la qualité de tertiaire, si ce n'est pour les tertiaires réguliers ou vivant en dehors du monde. Les historiens des tertiaires les plus authentiques, aux XIII⁰, XIV⁰, XV⁰ et même XVI⁰ siècles, saint Louis, sainte Elisabeth de Hongrie, saint Yves, saint Roch, sainte Brigitte, etc. négligent, à peu près tous, de mentionner expressément leur affiliation au Tiers-Ordre (1).

Si les preuves documentaires concernant l'affiliation de ces personnages à la famille franciscaine font défaut, il n'en est pas de même heureusement des preuves de critique interne et ces preuves sont abondamment suffisantes. Pour établir qu'un personnage historique quelconque était chrétien ou catholique, il n'est pas nécessaire de produire son acte de

____

(1) Aujourd'hui encore cet oubli ou négligence persévère. Quels sont parmi les historiens du curé d'Ars, de Garcia Moreno, de dom Bosco, etc., ceux qui signalent leur qualité de tertiaires ?

baptême; il suffit de montrer que dans telles circonstances de sa vie il a fait des actes authentiques de christianisme et de fidélité religieuse à l'église romaine universelle. De même pour constater que tel homme ou telle femme célèbres ont été agrégés au Tiers-Ordre pourquoi ne suffirait-il pas de montrer, par des témoignages authentiques et par l'examen de telles et telles circonstances de leur vie, qu'ils ont suivi le genre de vie, la règle spéciale aux tertiaires ? On connaît l'arbre à ses fruits, dit l'Evangile; on reconnaît un artisan à son travail, à ses œuvres; on reconnaîtra également chez un personnage quelconque, sa qualité de tertiaire, si l'on en retrouve les pratiques caractéristiques dans sa conduite.

Ce sont ces pratiques du Tiers-Ordre que nous voulons mettre en évidence dans la vie de Jeanne d'Arc

1° Au sujet de la réception des postulants au Tiers-Ordre, la règle contient ces prescriptions : « *Nous statuons que tous ceux qui seront admis à embrasser ce genre de vie devront, avant leur acceptation ou réception, être soumis à un examen attentif sur la foi catholique et l'obéissance à l'Eglise romaine... Lorsque quelqu'un se présentera pour entrer dans une fraternité, les Ministres députés pour les réceptions s'informeront soigneusement de son emploi, de son état et de sa condition... (1)* ».

Nous avons vus les Frères Mineurs faire une enquête sur Jeanne à Domrémy.

La forme de l'habit et la qualité des vêtements est nettement indiquée dans la même règle :

« *Que les frères de cette fraternité soient vêtus communément d'un drap humble, modeste pour le prix et la couleur, ni tout à fait blanc ni tout à fait noir (2)...*

______

(1) Voir *Seraphicæ legislationis Textus originales*. Constitution de Nicolas IV, p. 79. Edition de Quaracchi.

(2) Le texte le plus ancien, publié par Sabatier, et donné dans la note suivante, dit simplement : « Que les frères de cette fraternité soient vêtus d'un drap humble *sans couleur* ». La règle ordonnait donc de laisser à la laine sa couleur naturelle, le blanc ou le noir, et elle interdisait d'en changer la couleur par la teinture. La règle de Nicolas IV détermina en plus, pour les hommes, que le drap de leurs habits serait gris, c'est-à-dire constitué par

« *Que les sœurs aient aussi le manteau et la tunique du même drap humble; ou du moins avec ce manteau qu'elles aient une robe de couleur blanche ou noire ou un ample sarreau de chanvre ou de lin, cousu sans aucun froncis.*

« *Néanmoins quant à la grossièreté du drap et pour les pelisses des sœurs, on pourra dispenser selon la condition de chacune d'elles et selon la coutume du lieu* (1) ».

Il y avait encore un usage assez fréquent chez les tertiaires qui, même sans sortir du monde, avaient fait le vœu de virginité ou de continence, c'était de porter les cheveux coupés en rond. Cet usage avait été imposé par saint François lui-même pour les postulantes reçues, avant l'âge, chez les Clarisses (2). On le retrouve dans la vie de beaucoup de saintes tertiaires, telles que sainte Rose de Viterbe et d'autres. En certains endroits, spécialement en France, il devint une règle imposée à toutes les sœurs : « *Que toutes les sœurs aient soin à certaines époques de se couper les cheveux en rond jus-*

---

un mélange de laine blanche et de laine noire. Les femmes seules purent garder le blanc et le noir purs pour leur tunique et leur sarreau ou manteau fermé *guarnellum, placentinum, paludellum coloris albi vel nigri.*

(1) Ce texte est emprunté à la Constitution de Nicolas IV. Voici le texte primitif d'après Sabatier : « Viri qui hujus fraternitalis fuerint de panno « humili sine colore induantur, cujus brachium sex soldorum Raven. pre- « tium non excedat, nisi propter causam evidentem et necessariam, ad « tempus, cum aliquo dispensetur. Et consideretur panni latitudo et arcti- « tudo circa prædictum pretium. Chlamydes et pelles habeant sine scollatura « fixas vel integras, non tamen affiblatas, ut portant sæculares, et manicas « clausas.

« Sorores vero de ejusdem pretii panno et humilitatis chlamydes in- « duantur et tunicas vel saltem cum chlamyde habeant guarnellum sive pla- « centinum album vel nigrum aut amplum palutellum lineum sine crispa- « turis, cujus brachium non excedat XII den. Raven. De quo tamen pretio et « de pellitionibus ipsarum dispensari poterit secundum conditionem cujus- « cumque mulieris et loci consuetudinem. Bindas vel ligaturas sericas sive « coloratas non portent et tam fratres quam sorores pelles habeant agninas « tantum. Bursas de corio et corrigias sine serico consutas et non alias « habere liceat. Et alia ornamenta visitatoris arbitrio deponant. » *Antiqua re- gula ordinis pœnitentiæ. Opusc. de critique historique.* P. Sabatier, pp. 17-19.

(2) Que les jeunes filles reçues dans le Monastère avant l'âge requis aient les cheveux coupés en rond. *Règle de Sainte-Claire*, chap. ll 12. Les cheveux ainsi taillés sont dits taillés à l'écuelle ; ils étaient coupés de façon à former un cercle passant sur les oreilles. Voir notre gravure.

qu'aux oreilles », dit un cérémonial édité à Rouen en 1509 (1). Au temps de Jeanne, cet usage était en pleine vigueur. Le dominicain Bréhal, en effet, dans son rapport pour la révision du procès de Jeanne, déclare qu'en plusieurs parties de la France, spécialement en Picardie, on voyait des femmes, même âgées, prier publiquement dans les églises, la tête nue et les cheveux coupés en couronne.

Les historiens de la Pucelle ont en maintes circonstances décrit son costume. A Domrémy elle portait le pauvre habit de couleur rouge des paysannes de l'endroit (2), composé sans doute d'un jupon et d'une cotte. Il n'était pas conforme, pour la couleur, aux usages du Tiers-Ordre. Mais à cause de sa pauvreté, Jeanne ne pouvait alors s'offrir l'habit de son choix. Plus tard, après sa victoire d'Orléans elle revêtit les riches étoffes réservées aux seigneurs et aux chevaliers. Elle fut habillée aux frais et aux couleurs de la maison des ducs d'Orléans, robe d'écarlate et huque ou cotte avec capuchon vert sombre. Les comptes du tailleur marquent qu'il fut employé pour ce costume deux aulnes d'écarlate et une aulne de vert sombre. Le jour de son arrestation à Compiègne elle avait un manteau de drap d'or. Cependant elle ne portait point habituellement ces étoffes voyantes. On les lui offrait en présent; par respect elle les acceptait, les portait quelque temps et les donnait ensuite en cadeau (3). Son parrain, Jean Morel, au

----

(1) *Jeanne d'Arc franciscaine* par le P. Henri de Grézes et *Specul. Minor.* Tract. III. fol. 229. Rouen 1509.

(2) « Ipse testis loquens vidit dictam johannam indutam pauperibus vestibus, rubeis, muliebribus. » Procès de réhabilitation. Déposition de Jean de Novelonpont.

(3) Jeanne aimait à donner. Au procès de réhabilitation, Ysabelle, femme de Gerardin, raconte que, si des pauvres venaient demander l'hospitalité à ses parents elle leur cédait son lit et elle s'en allait coucher dans le four. Elle ajoute qu'elle faisait volontiers l'aumône. Jean de Novelonpont, qui l'accompagna dans les camps, dit également qu'elle faisait volontiers l'aumône et qu'elle lui remit bien souvent de l'argent afin qu'il les donnât aux pauvres pour l'amour de Dieu. « Et dixit testis quod multotiens sibi pecunias « ad dandum pro Deo concessit. » Marguerite de la Thouroulde dit, de son

Jeanne à Domrémy.

procès de réhabilitation déclare qu'elle lui fit don, à Reims, d'une riche robe rouge, sans doute celle qu'elle avait reçue du duc d'Orléans.

Le costume de son choix est celui qu'elle adopta soit à Vaucouleurs soit durant sa vie des camps. Quel était-il? Les chroniqueurs nous en ont laissé la description.

Lors de son départ pour Chinon les habitants de Vaucouleurs voulurent l'équiper à leurs frais. Selon son désir, ils lui confectionnèrent un habit d'homme. En voici la description d'après les témoins oculaires : « Il se composait, dit Siméon Luce qui écrit d'après ces témoins, d'un pourpoint ou justaucorps *noir*, de chausses attachées à ce justaucorps par des aiguillettes, d'une tunique ou robe courte de *gros gris noir*, de housseaux (bottes) armés d'éperons enveloppant les chaussures et enfin d'une épée donnée au moment du départ par Robert de Baudricourt ». Tunique de gros gris noir, justaucorps noir et *chaperon noir*, ajoute un autre chroniqueur, ce costume, pour sa couleur et sa forme, répond de tout point aux exigences de la règle du Tiers-Ordre. A cette époque où, même chez le peuple, on affectionnait les couleurs voyantes, ce choix de Jeanne est significatif. Il devait l'exposer aux mépris. Wattrin de Forester, chroniqueur anglais, profite de cette simplicité pour la tourner en dérision : « Cette Pucelle était venue à Chinon, dit-il, en fort piteux état ». Mais Jeanne l'avait voulu ainsi. C'était le vêtement des tertiaires : sans couleurs, fait de bure noire et grise (4).

Le costume préféré et habituel de Jeanne durant sa carrière militaire nous a été décrit également par les contempo-

---

côté, que «Jeanne était très large en aumônes, qu'elle subvenait très volontiers aux pauvres et aux indigents, qu'elle se disait envoyée pour la consolation des pauvres et des malheureux » Quicherat. Procès III. p. 88.

(4) Voici à ce sujet la déposition de Bertrand de Poulengy : «... lui-même, Bertrand, témoin, et Jean de Metz firent tant avec le secours des autres gens de Vaucouleurs, qu'elle quitta ses habits de femme de couleur rouge et lui firent faire une tunique et des vêtements d'homme, des éperons, des jambières, une épée et autres armes... quod ipsa dimisit suas vestes mulieris «rubei coloris et fecerunt sibi fieri tunicam et vestimenta hominis, calcaria, « ocreas, ensem et similia ac unum equum,

rains. Sa couleur était le blanc, conformément aux prescriptions de la règle du Tiers-Ordre pour les femmes. Dans sa prison elle prit le noir, conformément encore aux mêmes prescriptions. Voici les textes.

« Quand elle était désarmée, raconte un chroniqueur (1), elle avait état et habits de chevalier : souliers lachés dehors pieds, pourpoint et chausses justes et un chapelet (chaperon) sur la tête ».

Quelle était la couleur de ce costume ?

Guy de Laval raconte comment avant la campagne de la Loire il vit Jeanne « armée de toutes pieces sauf la tête... (Le 6 juin il la vit) monter à cheval armée *tout en blanc*, sauf la tête, une petite hache à la main, sur un grand coursier *noir*. »

Son «blanc harnois» lui fut donné par le roi, il fut exécuté à Tours, elle le porta jusqu'au siège de Paris. Après sa blessure, elle en fit don à l'église de Saint-Denis.

Sur le manuscrit des *Vigiles da roi Charles VII* elle est vêtue d'une longue robe blanche.

On avait conservé deux de ses chaperons, aujourd'hui disparus. L'un était de satin bleu avec grands rebras brodés d'or ; l'autre de feutre gris à grands rebords et retroussé par devant.

C'est à dessein qu'elle évitait les couleurs voyantes. Quand on lui eut apporté l'épée de Fierbois, sur l'ordre de ses saintes, les habitants de Tours lui offrirent deux fourreaux, l'un de velours vermeil, l'autre de drap d'or. Jeanne les accepta, mais ne s'en servit pas, elle s'en fit faire un de cuir solide et n'en voulut pas d'autre (2).

Enfin dans sa prison nous savons qu'elle portait une tunique courte ou cotte noire. Interrogée au sujet de l'enfant qu'elle

---

(1) Voir « Revue historique », T. XIX, p. 60.
(2) Quichérat, « Procès », T. I, p. 76.

ressuscita, lors de son séjour à Compiègne, elle répondit que cet enfant « était noir comme sa tunique, *eratque niger velut tunica ipsius Johannæ* ». (1)

Jeanne qui avait fait vœu de virginité, s'était aussi fait couper les cheveux selon la mode que nous avons indiquée plus haut. Dans son procès les juges de Rouen lui reprochent cette singularité contraire à l'honnêteté de son sexe et des gens de bonnes manières. « Jeanne, dirent-ils, a rejeté l'habit des femmes, elle s'est taillé les cheveux à la manière des maquignons *in modum mangonum*, elle a revêtu la chemise, les braies, le justaucorps, les chausses longues attachées au justaucorps par vingt aiguillettes, des socques hauts et vernis une robe courte descendant jusqu'aux genoux ou environ, le chaperon, des jambières, des heuses, des éperons (2). »

Ils reprochent à Jeanne sa coupe de cheveux qui la fait ressembler à un maquignon. C'est le sens de *mango* qui signifie valet, maquignon, laquais, berger, apprenti, page, boucher, imposteur. Au début du règne de Charles VII, en effet, il n'y avait que les gens du bas peuple à porter les cheveux ronds. Les hommes, en général, les portaient tombant droit sur le cou et sur les tempes, où ils couvraient les oreilles (3).

3° *Les pratiques pieuses de la règle du Tiers-Ordre.* — Avant l'adoucissement de la règle par Léon XIII, les tertiaires devaient jeûner tous les vendredis; ils faisaient plusieurs

(1) Quicherat, *Procès*. I. p. 105.

(2) *Loc. cit.* T. 1, p. 220, 221, 223.

(3) Voir Racinet *Le costume historique*. Cet auteur reproduit des miniatures de l'époque où l'on voit les hommes portant les cheveux taillés comme il est indiqué ici. Seuls deux jeunes gens du peuple ont les cheveux taillés en rond. Cependant Violet le Duc, dans son *Dictionnaire du costume*, à l'article *Coiffure*, dit qu'à cette époque les hommes d'armes, comme La Hire, Dunois, les ducs de Berri, d'Armagnac, de Bourgogne, portaient les cheveux ronds. Nous croyons plus fondée l'opinion de Racinet. Elle concorde mieux avec les monuments; elle justifie mieux le reproche des juges de Rouen accusant Jeanne de s'être déguisée en valet, *in modum mangonum*. La mode des cheveux ronds avait été adoptée au XI° siècle. D'après Racinet, elle ne fut reprise que sous Louis XI.

On serait tenté peut-être de croire que Jeanne se tailla ainsi les cheveux parce qu'elle avait adopté le costume d'homme. Ce n'eût pas été une

carêmes par an. En temps ordinaire, ceux-là seuls qui se livraient à des travaux fatigants, pouvaient se permettre plus de deux repas par jour. Ils devaient se confesser et communier fréquemment et assister à la messe tous les jours ou le plus souvent possible et aux *Matines* pendant les temps de carême; ils devaient s'abstenir des danses, etc. (1).

Jeanne assistait tous les jours à la messe : « elle était accoutumée, témoigne d'Aulon, de tous les jours ouïr messe, s'il lui était possible (2). »

Elle assistait également aux Matines, autant qu'elle pouvait. Marguerite la Touroulde qui l'hébergea durant son séjour à Bourges, raconte qu'elle allait aux Matines et qu'elle la pria plusieurs fois de l'y conduire. Elle communiait plusieurs fois la semaine et se confessait plus souvent encore.

« Elle était très sobre, raconte Louis de Coutes, parce que bien souvent (*pluries*), pendant toute une journée, elle ne mangea qu'un morceau de pain, et on était étonné qu'elle mangeât si peu. Quand elle était dans son hôtel, elle man-

---

raison suffisante. Il y eut, en effet, à cette époque plusieurs femmes guerrières qui adoptèrent le costume d'homme ; il y en eut même une qui essaya de se faire passer pour Jeanne échappée au bûcher et qui guerroya longtemps en France et en Italie. Elles gardèrent les cheveux longs.

Cette coupe des cheveux était si insolite que les artistes qui ont voulu représenter la Pucelle, lui donnent presque tous une longue et belle chevelure ou encore les cheveux tombant sur les oreilles. Parmi les documents antérieurs au XIXᵉ siècle, nous ne connaissons aucun portrait où Jeanne figure avec les cheveux taillés en rond, pas même la médaille trouvée au Pont Saint-Michel en 1859 et étudiée par Vallet de Viriville. Voir « Notice sur deux médailles relatives à la Pucelle », Paris, 1862.

(1) Voici ces divers points de la règle : « Que dans chaque ville ou localité tous les frères et toutes les sœurs se portant bien, entendent la messe tous les jours s'ils le peuvent commodément (chap. XIII). Pendant le carême de la Saint-Martin et le grand Carême, ils auront soin d'aller eux-mêmes aux églises des paroisses où ils résident, y assister aux Matines, à moins qu'ils n'en soient excusés par une cause raisonnable (ch. VIII). Dans la conversation ordinaire qu'ils évitent aussi les juremenls le plus qu'ils pourront... Que tous s'abstiennent des serments solennels, à moins d'y être contraints... Que *chacun se souvienne d'exhorter sa propre famille à bien servir Dieu (ch. XII)·*

(2) Quicherat, *Procès*, T. III, p. 218.

geait seulement *deux fois par jour* (1). — J'affirme qu'homme
vivant ne la surpassait en sobriété affirme Dunois (2)». Le
vendredi, même les jours de bataille, on la vit observer le
jeûne le plus rigoureux. Une fois cependant, elle fut obligée
de manquer à sa pieuse pratique. « Le lendemain de l'Ascen-
sion raconte le Fr. Pasquerel, eut lieu, à Orléans, l'assaut du
fort des Augustins, après un terrible combat. Or, ce jour-là
qui était un vendredi, Jeanne dut rompre son jeûne malgré
son habitude de jeûner tous les vendredis, *quæ consueverat
jejunare diebus veneris,* parce qu'elle était trop fatiguée. Elle
soupa ce jour-là (3)».

Pendant son procès qui eut lieu en carême 1431, ses exami-
nateurs lui demandèrent si elle observait le jeûne. Selon sa
coutume de ne point révéler ses œuvres de piété et de pénitence, elle refusa d'abord de répondre; puis, devant leur
insistance, elle dit : « Oui, j'ai jeûné et j'ai observé le jeûne
durant tout ce carême » (4).

Elle pratiquait ces jeûnes dès son enfance, car la veille
du jour où elle eut sa première vision, en plein été, elle avait
jeûné, comme elle le déclare au procès et comme nous l'avons
exposé plus haut.

Dans sa première jeunesse, Jeanne aimait à danser sous
l'arbre des fées avec les autres petites filles de son âge; mais,
dans les derniers temps de son séjour à Domrémy, elle s'en
abstint et pendant que ses compagnes allaient danser, elle
se retirait pour prier à l'église. Ces pratiques la rendirent
singulière et les jeunes gens et jeunes filles, racontent les
témoins, tournaient sa dévotion en ridicule.

4° *La règle des tertiaires leur défend encore tout jurement* et elle interdit les serments non nécessaires; elle leur
ordonne de maintenir la crainte de Dieu dans leur famille et
autour d'eux. Nous avons vu et nous verrons plus loin encore

---

(1) « Parce comedit, parcius vinum sumit. » Lettre de Perceval au duc de
Milan. Et Louis de Coutes dans sa déposition. Voir Quicheral.
(2) Loc. cit.
(3) Quichérat. *Procès de Jeanne d'Arc* T. III. p. 108.
(4) Ibid., T. I, p. 51.

Jeanne, en costume de tertiaire, telle qu'elle se présenta devant le roi, à Chinon.

Avant de revêtir son armure, elle baise son étendard : « *Je l'aimais, disait-elle, quarante fois mieux que mon épée.* »

Jeanne mettre en pratique tous ces préceptes avec un soin religieux.

Jeanne avait l'âme et les œuvres des tertiaires franciscains; on n'a donc pas le droit de lui en refuser le titre.

IV. — L'ÉTENDARD DE JEANNE ET LA DÉVOTION AU NOM DE JÉSUS. — Au commencement du xvᵉ siècle, les Franciscains, avons-nous dit plus haut, avaient ressuscité, sous une forme nouvelle, la dévotion au nom de Jésus. Cette dévotion consistait à vénérer ce nom sacré sous la forme du monogramme I H S, gravé sur des tablettes ou médailles, et ils y ajoutaient souvent le nom de MARIA. Sainte Colette marque toutes ses lettres de ce nom de Jhesus ou Jhesus Maria. Cette nouveauté, loin d'être adoptée par ceux qui n'étaient pas affiliés à la famille franciscaine, avait été combattue de tous côtés; et, en 1427, le grand promoteur de cette dévotion, saint Bernardin de Sienne, avait été cité devant le pape comme fauteur d'idolatrie et d'hérésie. Il eut facilement gain de cause. Mais ces faits montrent que les partisans de cette dévotion, vers 1427, vivaient sous l'influence religieuse des Franciscains.

Telle fut Jeanne d'Arc. Non seulement son étendard portait ces deux noms Jhesus Maria, mais elle omettait rarement de les mettre en tête de ses lettres. Ce signe de la dévotion aux noms de Jésus et Marie la rattache donc aux Franciscains d'une manière certaine. Quand elle sommait les villes de se rendre, elle le faisait au nom de ce même Jésus. C'est ce que signale avec une sorte de dépit Jean Chuffart, le faux bourgeois de Paris : « Là était leur Pucelle avec son étendard, dit-il en racontant le siège de Paris, sur le dos d'âne des fossés. Elle disait à ceux de Paris : Rendez-vous à nous promptement, de par Jhesus. »

V. — L'ÉTENDARD DES TROUPES AUXILIAIRES DE JEANNE. — Aux troupes du roy, composées de la noblesse, se joignirent, dans l'armée de Jeanne, des troupes auxiliaires venues des villes et des communes. Ces troupes portaient des étendards marqués du nom de Jésus, comme celui de Jeanne, et elles marchaient précédées du clergé et des moines qui chantaient des hymnes et des cantiques. Ces troupes auxiliaires ressemblent fort à celles par lesquelles saint Jean de Capistran combattait les Turcs à cette même époque. C'étaient des tertiaires.

C'est de cette armée de communiers qu'écrit le notaire Pierre Cochon quand il dit : « Chacun redoutait ledit Charles, il reconquit en deux mois ce que les Anglais avaient mis plus de trois ans à conquérir. L'on craignait moult cette Pucelle, car elle usait de sommation et disait que, si l'on ne se rendait pas, elle prendrait d'asssaut. Elle avait avec elle grande quantité de gens du pays à pied; lesquels faisaient très bien leur devoir et l'avaient fait ès batailles contre les Anglais. »

Peu après le sacre, le roi licencia ces vaillantes troupes. Jeanne ne trouva plus alors autour d'elle que les troupes régulières des ducs et des barons, qui refusèrent de lui obéir et de suivre ses conseils. De là l'impuissance de Jeanne après le siège de Paris; de là ses échecs cruels.

VI. — Les armoiries de Jeanne. — Jeanne choisit d'abord pour armoiries « un écu d'azur et un coulon (pigeon) blanc était dans cet écu, lequel coulon tenait un rôle en son bec où il y avait écrit : de par le roi du ciel ». Ces armes sont imitées de celles des Jésuates d'Italie, religieux nouvellement fondés, tertiaires de saint François et qui furent approuvés définitivement en 1428.

VII. — Le franciscain, frère Richard. — En même temps que Jeanne dressait le nom de Jhésus sur son étendard contre les Anglais, le franciscain, frère Richard, prêchait, avons-nous dit, la même dévotion dans tout le nord de la France, soumise aux Anglais, et ainsi préparait les populations à se déclarer pour le dauphin Charles VII, l'élu du Sauveur. En Jeanne, armée du nom de Jésus, il avait de suite reconnu une sœur et son appui lui fut acquis sans restriction. C'est son intervention qui décida la soumission au roi de France, sans coup férir, de toute la Champagne, lors de la campagne du sacre. Nous avons de cette vérité des témoignages contemporains indiscutables. C'est d'abord une lettre des habitants de Troyes à ceux de Reims pour les prévenir que le cordelier, frère Richard, méditait avec d'autres bourgeois de livrer leur ville au dauphin.

Dans cette lettre, les habitants de Troyes mandaient à ceux de Reims, dit Rogier, « comment ils avaient reçu des lettres de Jeanne la Pucelle... Ils mandaient aussi que quelques-uns des compagnons de ladite ville avaient pris un cordelier, qui avait su, confessé et juré en paroles de prêtre et sous la foi de ses vœux de religion qu'il avait vu trois ou quatre bourgeois se donnant comme de ladite ville de Reims, qui entre autres choses disaient au dauphin qu'il allât sûrement à Reims et qu'ils se portaient fort de le mettre dans ladite ville. Et ceux de Troyes mandaient à ceux de Reims de prendre avis sur ce et d'observer à qui l'on se fiait. »

Si le frère Richard avait signifié à ceux de Troyes cette décision des Remois, ce n'était pas pour les trahir, mais afin d'entraîner, par leur exemple, les bourgeois de Troyes hésitants et de les porter à ouvrir leurs portes à la Pucelle. Cette autre lettre des Troyens, écrite pour la même occasion aux habitants de Châlons, ne laisse à ce sujet aucun doute.

« Les habitants de Châlons, continue Rogier, reçurent pareils avis des habitants de Troyes touchant la venue et l'arrivée du dauphin, et de plus que les lettres de Jeanne, la Pucelle, avaient été portées à Troyes par un nommé frère Richard, le prêcheur. Ils en baillèrent avis aux habitants de Reims, leur mandant qu'ils avaient été fort ébahis dudit frère Richard, d'autant plus qu'ils estimaient que ce fût un très bon prud'homme, mais qu'il était devenu sorcier ».

Les autorités civiles et militaires de la ville de Troyes restèrent, jusqu'à la fin, fidèles au parti anglais et hostiles à Jeanne et au Dauphin. La reddition de la ville fut l'œuvre de la population, entraînée par le frère Richard. On peut donc y reconnaître l'action du Tiers-Ordre franciscain.

Après la reddition, continue Ogier : « Jean de Chatillon, seigneur de Troissy, frère du capitaine de Reims, par sa lettre écrite de Châtillon le 13e jour de juillet, mandait aux habitants de Reims, qu'il avait appris que l'entrée du roi en la ville de Troyes ne s'était pas faite du consentement des seigneurs de Rochefort et de Plancy, ni des autres seigneurs, chevaliers et écuyers qui s'y trouvaient ; que ladite entrée avait été faite par la séduction de l'évêque et du doyen de Troyes, par le moyen d'un cordelier nommé Richard. Le commun de ladite ville alla en très grand nombre vers lesdits seigneurs, chevaliers et écuyers, leur dire que s'ils ne voulaient pas tenir le traité (de reddition proposé par Jeanne), qu'ils avaient fait pour le bien public, ils mettraient les gens du roi dans la ville, qu'ils le voulussent ou non ».

Le greffier de la Rochelle, dans son précieux manuscrit, nous a laissé une curieuse relation de l'entrevue de Jeanne avec le frère de Richard sous les murs de Troyes : « Et cependant que ledit évêque traitait avec ledit baillif et ceux de la garnison, un saint prud'homme cordelier, en qui tous ceux de la ville et de tout le pays avaient grande foi et confiance, sortit de la ville pour aller voir la Pucelle. Et sitôt qu'il la vit et d'assez loin s'agenouilla devant elle. Et quand ladite Pucelle le vit, pareillement s'agenouilla devant lui, et s'entrefirent grant chère et grande révérence et parlèrent longuement ensemble. Et, après ce départi, ledit cordelier s'en alla en la ville et prêcha moult grandement au peuple, en les admonestant de faire leur devoir envers le roi et leur remontrant comment Dieu avisait son fait et lui avait baillé (donné) pour l'accompagner et le conduire à son sacre une sainte Pucelle ; laquelle, comme il croit fermement, savait autant et avait aussi grant puissance de savoir les secrets de Dieu comme saint qui fût en Paradis après saint Jean évangéliste et qu'il était bien en sa puissance, si elle voulait, de faire entrer tous

les gens d'arme par dessus les murs en quelque manière
qu'elle voudrait et plusieurs autres choses. Et incontinent
crièrent tous à une voix : « Vive le roi, Charles de France ! »
Et d'aucuns de la ville vinrent devers le roi lui faire obéissance pour toute la ville et lui crier merci ! »

Comme on le voit, trompé par son enthousiasme et son
patriotisme, le cordelier se laissa entraîner au delà de la mesure dans son tableau de la puissance de Jeanne. Aussi beaucoup en vinrent à la considérer comme une sorcière et quand
les notables se présentèrent devant le roi pour faire leur soumission ils n'osaient approcher, terrifiés par la puissance
magique qu'ils croyaient résider en la Pucelle. Ils se firent
précéder du frère Richard et celui-ci, pour les encourager,
n'avançait qu'en aspergeant le sol d'eau bénite et en multi-
pliant les signes de croix. Jeanne se hâta de les rassurer,
non toutefois sans quelque pointe de raillerie à l'adresse du
frère Richard dont elle releva les paroles inconsidérées:
« Approchez, hardiment, lui dit-elle avec malice, approchez,
je ne m'envolerai pas. » (1).

« Depuis la réduction de Troyes, écrit Siméon Luce, il est
certain que l'éloquent cordelier fit partie du cortège de la
Pucelle et l'accompagna dans ses expéditions (2). Il paraît
avoir été l'un de ceux qui tinrent l'étendard de la libératrice
d'Orléans à la cérémonie du sacre de Charles VII. Il était
l'un des confesseurs de Jeanne et lui administrait souvent la
communion (3). Par toutes les villes où elle passait, il prêchait
le peuple et disait que Dieu l'avait envoyée pour expulser les
Anglais et remettre le royaume en l'obéissance de l'héritier
légitime. L'entente cessa entre la pieuse jeune fille et son prédicateur ordinaire, lorsqu'à la fin de décembre 1429 frère

(1) Quicherat, *Procès*, T. I, p. 100.
(2) *Jeanne d'Arc à Domrémy*, p. CCLX.
(3) Quicherat, loc. cit., p. 104.

Richard usa de toute son influence pour que l'on employât une illuminée appelée Catherine de la Rochelle (1). »

Sur ce concours prêté par le frère Richard à Jeanne nous avons encore un témoignage du célèbre Bedford, le régent du royaume de France, pour le roi d'Angleterre. Elle est écrite de Montereau, datée du 7 août 1429 et adressée à Charles VII.

« C'est injustement, dit-il, que vous avez formé de nouvelles entreprises contre la couronne de mon souverain Seigneur Henri... vu les moyens que vous avez tenus et tenez encore, vous qui faites séduire et abuser le peuple ignorant et vous faites aider principalement, ainsi que nous en sommes informé, par des gens superstitieux et condamnés, tels qu'une femme désordonnée, travestie, portant vêtement d'homme et de gouvernement dissolu, et aussi d'un frère mendiant, apostat et séditieux, selon la Sainte Écriture, abominable à Dieu. »

Dans cette lettre, on le voit, le régent Bedford, confond dans la même haine, Jeanne et le moine mendiant, frère Richard. C'est que tous deux travaillaient de concert et avec un égal succès à l'expulsion des Anglais du royaume de France. (2)

Au siège de Compiègne Jeanne trouva un autre franciscain comme auxiliaire (mai 1430) : « un cordelier natif et vestu à

---

(1) Après la mort de Jeanne, un dominicain, grand inquisiteur, d'après Jean Chuffart, le faux bourgeois de Paris, disait dans un de ses sermons « qu'elles étaient quatre ces femmes et que trois avaient été prises, à savoir cette Pucelle, Pierronne et sa compagne. La quatrième, Catherine de la Rochelle est avec les Armagnacs... Toutes les quatre pauvres femmes ont été gouvernées par le cordelier frère Richard, celui qui attira après lui si grande multitude, quand il prêcha à Paris, aux Innocents et ailleurs. Il était leur beau-père ». On le voit, le parti anglais ne pardonnait pas à frère Richard.

(2) Sur les rapports de Jeanne avec frère Richard nous avons encore ce témoignage du chevalier Albert des Ourches dans sa déposition au procès de réhabilitation : « Dixit etiam quod ipse vidit eam postea in comitiva gentium armorum ac vidit ipsam puellam confiteri per fratrem Richardum ante Villam de Sanlis et recipere corpus Christi cum ducibus de Clermont et d'Alençon per duos dies ». Il vit Jeanne se confesser à frère Richard à Senlis et communier de sa main pendant deux jours avec les ducs d'Alençon et de Clermont.

Valenciennes, raconte la *Chronique de Georges Chaste-*
lain (1), un haut grand homme noir atout (avec) un laid
meurtrier visage et un felle vue et un grand long nez, portant
rude grosse faconde et semblait épouvantable ». Il se vantait
d'avoir tué à lui tout seul trois cents Anglo-Bourguignons par
le tir de sa couleuvrine et en faisait sa risée et s'en tenait à
tout honoré et joyeux. »

VIII. — LES FRANCISCAINS, AUMÔNIERS DE JEANNE. —
Nous avons vu le frère Richard se faire pendant six mois le
prédicateur de Jeanne. Celle-ci avait recours encore à d'autres
frères mendiants pour satisfaire sa dévotion au milieu des
camps. « Elle avait coutume, dit un témoin au procès de réhabilitation, à l'heure des vêpres ou au crépuscule, chaque jour,
de se retirer dans une église, et elle faisait sonner les cloches
pendant une demi-heure environ. Elle rassemblait les religieux mendiants qui suivaient l'armée du roi et alors elle se
mettait en oraison et faisait chanter par les frères Mendiants
une antienne à la bienheureuse Vierge, mère de Dieu (2). »

Dans les villes et les villages elle se rendait de préférence
à leur église et « elle recommandait au frère Pasquerel, témoigne celui-ci au Procès, lorsqu'elle était en un endroit où
il y avait un couvent de frères Mendiants de lui rappeler
les jours auxquels les petits enfants des Mendiants recevaient
le sacrement de l'Eucharistie, afin de le recevoir avec ces enfants, selon qu'elle le faisait souvent, car elle recevait le sacrement de l'Eucharistie avec les enfants des Mendiants (3) ».

---

(1) Edition de Bruxelles, 1863, T. II, p. 53.
(2) Quicherat, T. III, p. 14 et IV p. 250.
(3) Quicherat, T. III, p. 104.
L'aumônier en titre de Jeanne était un augustin, le fr. Pasquerel. Il était
connu des parents de Jeanne et ceux-ci le lui avaient présenté dès avant le
siège d'Orléans. Elle l'avait accepté. Mais elle n'en faisait pas moins appel
aux Mendiants, quand elle le pouvait. Ce fait montre bien ses préférences
pour les Franciscains.
Dans les textes cités, il est question de Mendiants et certains auteurs modernes mettent en doute qu'il s'agisse de Franciscains, parce que les Carmes,
les Dominicains, les Augustins étaient aussi des Mendiants. Il faut savoir que

IX. — Les autres dévotions franciscaines de Jeanne. — L'étendard de Jeanne nous montre qu'au premier rang des dévotions de Jeanne il faut placer l'Annonciation. Or ce mystère était alors en spéciale vénération dans la branche franciscaine des Observants. En 1366, Paulet de Foligno, le fondateur de cette branche, avait inauguré sa réforme en bâtissant sur le mont Cesi une petite église en l'honneur de l'Annonciation. L'ordre italien de l'Annonciade a été fondé en 1434 par Amédée VIII de Savoie, l'un des fils spirituels de sainte Colette. Enfin l'un des Ordres les plus célèbres qui durent leur fondation aux Observants, établi en France en 1502, par la tertiaire franciscaine sainte Jeanne de Valois et le P. Gabriel Maria a pris ce même nom d'Annonciades. La dévotion à l'Annonciation rapproche donc encore Jeanne des franciscains.

Outre son étendard Jeanne avait fait peindre une bannière destinée aux processions religieuses. Elle représentait le Christ en croix ayant à ses côtés Marie et Jean. Cette dévotion au crucifix, à Marie et à saint Jean réunis au pied de la croix est encore bien franciscaine. On sait la tendre piété pour Jésus en Croix que témoigna toujours le stigmatisé de l'Alverne. On connaît la dévotion de l'Ordre franciscain pour Marie et tous ses privilèges. Saint Jean était aussi le saint préféré dans les monastères franciscains à cause de sa tendresse pour Jésus et Marie et quand le frère Richard place Jeanne au dessus de tous les saints pour la pénétration des mystères divins, il excepte l'apôtre saint Jean. Sainte Colette avait établi cet apôtre de l'amour patron et protecteur de toutes ses communautés. « Elle avait aussi en particulière affection tout ce qui dans la nature lui rappelait plus fidèlement la vertu des anges. A ce titre les agneaux et les co-

---

ces trois Ordres faisaient partie, à la vérité, des Ordres Mendiants, *selon le style ecclésiastique officiel* ; mais, comme, depuis longtemps, ils ne vivaient plus d'aumônes, le langage populaire ne leur donnait plus ce titre ; et quand, hors des pièces officielles juridiques, il est question de religieux mendiants, on peut être sûr qu'il s'agit des Franciscains, les seuls qui alors avaient recours à la mendicité. C'est le cas pour les témoignages que nous citons.

lombes tenaient une place particulière dans la pure affection de son cœur (1). » Nous avons vu Jeanne choisir pour symbole de sa mission une colombe.

X. — La dernière entrevue de Jeanne d'Arc et de sainte Colette.

« Colette Boilet et Jeanne d'Arc ont dû se rencontrer (1), » écrit Siméon Luce et il en précise les circonstances. Avant 1421 sainte Colette protégée par la duchesse de Bourgogne n'avait guère fondé de couvents de sa réforme en dehors de la Savoie que dans les terres bourguignonnes. A cette époque elle obtint la protection de la duchesse de Bourbon et put établir ses couvents en diverses villes obéissant au parti Armagnac, à Moulins, à Aigueperses, au Puy, à Castres, à Lezignan. Or, en novembre 1429, sainte Colette se trouvait à Moulins, dans son couvent, au milieu de ses filles. Par ailleurs nous savons qu'en ce même mois Jeanne vint à Moulins. C'est là qu'elle prépara le siège malheureux de la Charité. On possède même une lettre qu'elle écrivit de cette place aux habitants de Riom pour les inviter à lui envoyer de la poudre, du salpêtre, du soufre, des arcs, des arbalètes et autres engins de guerre en vue du siège. Est-il vraisemblable que Jeanne, alors surtout qu'elle était accompagnée par frère Richard, ait oublié de venir prier dons la chapelle des pauvres Clarisses, et de solliciter une entrevue avec la célèbre réformatrice.

De plus la duchesse de Bourbon, Marie de Berry, résidant à Moulins, ne pouvait manquer de ménager cette rencontre. Elle était la protectrice de sainte Colette et avait fondé elle-même sa maison de Moulins. D'un autre côté les deux chefs de l'armée où combattait Jeanne en ce moment étaient Louis de Bourbon, comte de Montpensier, fils cadet de la duchesse, et Charles II, sire d'Albret. Jeanne dut en consé-

(1) Seillet *Vie de Sainte Colette.* T. II, p. 52.
(2) Jeanne d'Arc à Domrémy, p. CCLXVIII.

quence être hébergée chez la duchesse. Celle-ci ne put donc manquer l'occasion de mettre en relation les deux femmes qui, aux yeux de l'Europe entière, étaient considérées comme les plus illustres de la chrétienté.

Cette rencontre du reste une fois admise, il devient plus facile de comprendre la défiance insolite, que nous voyons le parti bourguignon témoigner de suite à l'égard de sainte Colette. Celle-ci, raconte son historien, pendant que Jeanne assiégeait la Charité, jugea utile de venir à Decize, ville bourguignonne, exposée aux coups des deux armées ennemies, afin de consoler et protéger ses filles. Comme elle venait du Bourbonnais, son arrivée parut suspecte aux habitants attachés au parti anglais. Or une nuit, les sœurs ayant sonné matines à neuf heüres du soir au lieu de minuit, qui était l'heure habituelle, les gens de la ville crurent reconnaître dans ce coup de cloche prématuré un signal convenu avec l'ennemi et ils s'apprêtaient à faire aux religieuses un mauvais parti si Colette, pour les sauver, n'avait opéré un grand miracle en avançant de trois heures toutes les horloges de la ville et même le lever du soleil (1).

XI. — Les Franciscains et la réhabilitation de Jeanne d'Arc.

Certes ce serait inexact de prétendre que les franciscains furent tous et toujours, *sans exception*, des partisans et des défenseurs de Jeanne d'Arc. Parmi ceux qui prirent part à sa condamnation on trouve des franciscains, avec des membres des autres Ordres religieux. Le célèbre frère Richard lui-même lui fut infidèle (2). Il ne put pardonner à Jeanne d'avoir rejeté la célèbre visionnaire Catherine de la Rochelle qu'il patronnait. Du reste l'Ordre franciscain était divisé à cette époque en deux camps opposés, les Observants ou réformés et les

____

(1) Siméon Luce, loc. cit., p. CCLXXX.

(2) Frère Richard, quoique zélé, manquait de prudence et de mesure. Il fut, vers 1433, traduit devant l'inquisition de Poitiers et interdit de la prédication. Voir le P, Ayrolles « *La vraie Jeanne d'Arc* », T. IV.

Conventuels non réformés. Jeanne, en adoptant le nom de Jhésus s'était rangée du côté des Observants. Peut-être s'attira-t-elle, à cause de cela, les rancunes des Conventuels. Quoiqu'il en soit, les meilleurs, les vrais franciscains lui demeurèrent fidèles. Parmi eux se place au premier rang le grand et saint évêque de Périgueux, archevêque de Tours et cardinal de la sainte Eglise romaine, l'homme le plus catholique et le plus romain de son temps, Elie de Bourdeille. Pour obtenir la réhabilitation de Jeanne, il écrivit un mémoire qui est certes le plus remarquable parmi tous les autres et qui dut peser d'un grand poids pour la sentence définitive.

Ajoutons que les deux papes qui ont pris en mains la cause de Jeanne, Léon XIII qui a posé sa cause de béatification et Pie X qui l'a menée à bonne fin, sont deux papes tertiaires. Et nous comprendrons que l'Ordre franciscain a toujours traité la sainte Pucelle comme une sœur et qu'il a droit qu'on lui permette de l'inscrire au martyrologes de ses bienheureux. Le caractère franciscain de la mission de Jeanne d'Arc a été mis en relief surtout au xix° siècle par Siméon Luce, Léon Gauthier, le P. Henri de Grèzes, Mme Bessonnet-Favre. Cependant les siècles passés ne l'ont pas ignoré ou méconnu. Nous avons vu Thomas Friard, dès 1627, placer le berceau de la Pucelle sous la protection de sainte Colette. L'iconographie, à la même époque, s'appliquait aussi à en graver le souvenir,

« On peut voir au musée franciscain de notre couvent de Marseille, écrit le P. Henri de Grèzes, un émail ancien représentant Jeanne d'Arc en costume de guerrière ; la corde franciscaine à plusieurs nœuds se détache très ostensiblement sur le fond bleu de l'émail et forme comme un encadrement à l'héroïne. De quelle époque précise est cet objet d'art? Nous sommes réduits aux suppositions ; mais il nous paraît provenir du XVII° siècle. »

D'autres recherches sans doute feront apparaître d'autres documents et d'autres témoignages.

______

(1) « *Jeanne d'Arc franciscaine,* » p. 36.

JEANNE D'ARC

LA SAINTE

Il nous reste, en terminant, à marquer les caractères les plus saillants de la sainteté de Jeanne.

LA PIEUSE ENFANT. — Jeanne d'Arc naquit d'une famille pauvre, mais pieuse. Sur les genoux de sa mère, les premières paroles qu'elle apprit à bégayer, furent une prière. Comme les enfants de son âge, elle mêlait les jeux, le travail et la prière ; mais la prière avait ses préférences. « Maintes fois, ont raconté des témoins, tandis que les autres chantaient et dansaient, elle se retirait et parlait à Dieu ou s'en allait prier à l'église. » Chaque jour elle assistait à la messe, souvent elle se confessait et souvent elle faisait la sainte Communion.

« Souvent, a déposé le sonneur de Domremy, je voyais Jeannette venir à la messe ou aux complies, et lorsque je manquais de sonner les complies (prière du soir), elle me réprimandait, me grondait : « Perrin, Perrin, ce n'est pas bien d'être en retard. Et elle me promettait de la laine de ses moutons, si je sonnais exactement. »

Dans les champs, en gardant les troupeaux, elle s'unissait aux prières de l'Église et à genoux récitait l'angelus.

LA PIEUSE GUERRIÈRE. — Plus tard, à l'armée, elle garda la même piété : « Elle se confessait presque tous les jours, raconte son aumônier, et communiait fréquemment. — Je la vis maintes fois, dit le duc d'Alençon, recevoir la sainte communion. Aussitôt qu'elle apercevait le corps du Christ, elle se prenait souvent à pleurer avec grande abondance de larmes. »

Avant d'aller à l'assaut, elle se confessait, entendait la messe et recevait la sainte Communion.

Elle exhortait ses soldats à se confesser, dit un témoin, et de fait j'ai vu, à son instigation et sur ses conseils, La Hire confesser ses péchés ; et plusieurs de ses compagnons l'imitèrent. »

« Si vous vous confessez, disait-elle aux soldats, je vous assure que Dieu vous aidera, et que, si vous êtes en bon état, avec son aide, vous obtiendrez la victoire. »

A Orléans elle fit avertir les hommes d'armes « qu'aucun d'eux n'ait l'audace d'aller à l'assaut sans s'être confessé : car Dieu permet qu'à cause des péchés, on perd les batailles. »

Le respect du nom de Dieu. — Jeanne avait en horreur le blasphème et les jurements. Elle réprimandait quiconque les proférait devant elle, même les généraux et les grands seigneurs.

« Elle nous reprenait tous et moi en particulier, lorsque nous jurions, dit le duc d'Alençon ; et, quand je la voyais, le jurement s'arrêtait sur mes lèvres. »

« Ne jurez donc plus, disait-elle à La Hire ; et quand vous sentirez que vous allez renier Dieu, jurez par votre bâton. » Et de fait, par la suite, La Hire ne jurait plus que par son bâton.

Un jour, en pleine rue, elle rencontra un grand seigneur qui jurait. Elle alla droit à lui, le prit au collet et lui dit : « Ah ! maître, osez-vous bien ainsi renier notre maître ? En nom Dieu, vous vous en dédirez, avant que je parte d'ici. » Aussitôt, le seigneur se repentit et s'amenda.

La Vierge toute pure. — Dès son enfance, Jeanne fit le vœu de rester vierge. Séduit par sa beauté, un jeune homme de Domrémy voulut la contraindre à l'épouser, en prétendant qu'elle lui avait donné sa promesse. Pour le débouter, elle ne

La martyre.

craignit pas de soutenir un procès, dont elle sortit victorieuse.

C'est pour défendre plus facilement sa vertu qu'à l'armée elle voulut revêtir un costume d'homme. « La nuit, raconte son page, elle avait toujours une femme couchant en sa compagnie, de préférence des jeunes filles comme elle, et quand elle ne pouvait en trouver, en guerre ou en campagne, elle couchait tout habillée. »

« Il m'arriva quelquefois pour jouer, dit Haimard qui la suivit dans ses prisons, de vouloir poser la main sur sa poitrine; elle ne le voulut jamais tolérer et me repoussait même de toutes ses forces. »

Elle fit chasser loin de l'armée toutes les filles de mauvaise vie. Elle n'hésitait pas à frapper du plat de son épée celles qui avaient osé enfreindre sa défense. Un jour, elle frappa si fort que son épée se brisa.

La martyre. — Jeanne fut prise à Compiègne par trahison, le 24 mai 1430. Pendant douze longs mois, elle fut gardée en prison. A Rouen on la tint longtemps dans une cage de fer. Ses pieds et ses mains furent presque sans relâche chargés de chaînes pesantes. Livrée à des juges schismatiques et vendus à l'Angleterre, vainement elle en appela à l'Église catholique et au Pape. Elle fut condamnée au bûcher, à Rouen, le 30 mai 1431.

En apprenant sa sentence elle se lamenta douloureusement : « Hélas? me traite-t-on ainsi horriblement et cruellement, qu'il faille que mon corps, net en entier, qui ne fut jamais corrompu, soit aujourd'hui consumé et rendu en cendres. Ha ! Ha ! J'aimerais mieux être décapitée sept fois que d'être ainsi brûlée. Hélas ! si j'eusse été en la prison ecclésiastique, il ne me fût pas si misérablement arrivé comme il est, »

Cependant, après ces plaintes échappées à la nature, elle fit généreusement son sacrifice, elle pardonna à ses bourreaux, monta courageusement sur le bûcher et jusqu'à la fin ne voulut pas détacher ses yeux de la croix. Sa dernière parole fut : « Jésus ! Jésus ! »

Au moment de sa mort, ce nom de Jésus fut aperçu écrit dans les flammes et une colombe blanche sortant du bûcher prit son essor vers le ciel, du côté de la France. Quand le bûcher fut éteint son cœur fut retrouvé intact au milieu des cendres.

Dieu par ces miracles confirmait la sainteté de son envoyée. L'Eglise devait la manifester par un jugement solennel, cinq siècles plus tard, le 18 avril 1909.

Bienheureuse Jeanne d'Arc priez pour nous, et de nouveau venez au secours de la France.

Extrait de *l'Action franciscaine* Avril-Mai 1909

Ouvrages du P. H. de Barenton et de P. Lahyre

On peut se procurer ces ouvrages en s'adressant à l'auteur

117, Boulevard Raspail

I. — Histoire franciscaine

1° **L'action Sociale de François d'Assise** *d'après des documents peu connus* ; in-8°, 1 fr.

Cette brochure révèle l'action décisive de François d'Assise pour l'affranchissement des serfs dans sa patrie, d'après les archives d'Assise.

2° **Les personnages illustres des trois ordres franciscains** ; in-8°, 1 fr. 80.

C'est l'histoire des trois ordres franciscains par celles des personnages célèbres qui les ont illustrés. Le texte est le même que dans le *Grand Album franciscain* et est divisé, pour servir, si l'on veut, à douze conférences avec projections

3° **Le Grand Album franciscain.** Grand ouvrage de luxe contenant, en gravures, avec texte, la vie de saint François et près de 300 personnages des trois Ordres franciscains. 25 fr.

4° **Les Capucins et la France** ; grand in-8°, 10 fr.

Cet ouvrage donne l'histoire des Capucins en France depuis leur établissement au XVI° siècle et il contient de nombreux documents concernant la loi de 1901 et l'affaire d'autorisation. A la fin de l'ouvrage se trouve le nécrologe de tous les capucins français au XIX° siècle.

5° **Les Capucins français**, grand in-8°, 1 fr. 50, chez Poussielgue et Maison Saint-Roch, à Couvin (Belgique).

C'est le même ouvrage que le précédent plus un chapitre sur la Mission des Capucins en Abyssinie au XIX° siècle et moins la partie documentaire spéciale à l'affaire d'autorisation et le nécrologe.

6° **Les Franciscains en France** ; 1 vol. in-12. Collection *Science et Religion*, 0 fr. 60, chez Bloud, place Saint-Sulpice, Paris.

Petite histoire des Franciscains en France, depuis le XIII° siècle jusqu'à nos jours.

7° **La France catholique en Orient** ; beau vol., grand in-8° avec cartes et gravures, 2 fr. et 2 fr. 25 franco.

Cet ouvrage raconte l'histoire du catholicisme et la fondation des Eglises catholiques unies en Orient durant les trois derniers siècles. Les Capucins, on le sait, eurent la principale part dans cette œuvre si importante.

II. — Biographies et Tracts franciscains

8° **Jeanne d'Arc franciscaine** et *nouvelle étude sur son étendard*, d'après les documents originaux in-8°, 0 fr. 75, et 1 fr. sur papier de luxe.

Cette brochure magnifiquement *illustrée* raconte l'histoire de Jeanne et montre par les documents les plus authentiques comment l'Ordre franciscain a raison de revendiquer Jeanne et de la réclamer comme tertiaire.

9° **Un vaillant capucin à la fin du XIX° siècle.** *Le P. Arsène de Chatel-Montagne.* in-8°, 1 fr. 50.

Le P. Arsène fut, pendant douze ans, provincial des Capucins de Paris. Sa biographie contient un aperçu de l'histoire de cette Province, spécialement à l'époque des expulsions de 1880.

10° **Un Thaumaturge au XVII° siècle.** *Le P. Marc d'Aviano.* Etude de mœurs religieuses d'après des documents inédits. In-8°, 0 fr. 75.

C'est un épisode de la vie du P. Marc d'Aviano en France et en Belgique.

11° Un ouvrier apôtre. *Toussaint Debard, tertiaire franciscain* ;
0 fr. 50 et 3 fr. la douzaine.

> Toussaint Debard, mort en 1908, peut servir de modèle à l'ouvrier chrétien.

12° Les Franciscains. Sept siècles de travaux. Brochure in-32,
illustrée de 18 gravures. 0 fr. 10, franco 0 fr. 15, éditée chez
Paillart, Abboville (Somme.)

> Brochure de propagande racontant les principaux traits de l'histoire francis-
> caine.

13° Les Capucins hors la loi (épuisé).

14° Les Capucins de Versailles en police correctionnelle.
0 fr. 50.

III. — Ouvrages de théologie et de science

15° Exégèse nouvelle. Les doctrines de M. Loisy ; in-8°, 1 fr.
Chez Vic et Amat et chez l'auteur.

> C'est l'exposé des doctrines scripturaires des modernistes et leur réfutation, à la
> portée de tous.

16° Problème ancien, solution nouvelle, *on pourquoi Dieu
s'est-il fait homme ?* in-8°, 1 fr.

> C'est un essai de conciliation des deux théories thomiste et franciscaine d'après
> la doctrine peu remarquée de S. Irénée.

17° La science de l'Invisible *ou le Merveilleux en face de la
Science moderne*. Collection *Science et religion*. Chez Blond.

> Le titre de cet ouvrage indique suffisamment son intérêt

18° L'Action franciscaine, revue mensuelle, 6 fr.

IV. — Brochures de propagande et Tracts populaires

19° Notre République athée en face du monde civilisé ; in-8°,
32 p., 0 fr. 50 l'ex., 20 ex. pour 5 fr., 12 fr. le cent.

> Cette brochure oppose au sectarisme de nos politiciens le respect pour la religion
> qui inspire tous les autres gouvernements civilisés.

20° La guerre aux Congrégations ; in-8°, 0 fr. 20 l'ex., 6 fr.
le cent.

> C'est l'exposé des œuvres d'enseignement, d'assistance et d'apostolat, exercées par
> les Congrégations que la loi persécute.

21° Le Tiers-Ordre à la Chambre des députés ; in-8°. Epuisé.
Quelques exemplaires d'occasion au prix de 2 fr.

> C'est le discours du F.·. Laferre contre le Tiers-Ordre prononcé en juin 1904, à la
> Chambre des députés. Il est édité avec notes rectificatives et réponses.

22° Saint François d'Assise et son œuvre. *Le Tiers-Ordre ;*
0 fr. 05 et 3 fr. le cent.

> Feuille-tract illustrée de propagande contenant tous les renseignements nécessaires
> sur le Tiers-Ordre.

23° Le tract populaire illustré, *paraissant deux fois par
mois,* sur toutes les questions d'actualité. Il y a une centaine de
numéros variés. 1 fr. 15 le cent et 8 fr. le mille. Demander la liste
et 15 spécimens pour 0 fr. 20. *Les cent tracts reliés ensemble* 3 fr. 50.

24° Cartes postales concernant Jeanne d'Arc, et *l'Association franciscaine*, etc. 10 sujets variés 0 fr. 50 franco.

HILAIRE DE BARENTON

Jeanne d'Arc Franciscaine

DEUXIÈME PARTIE

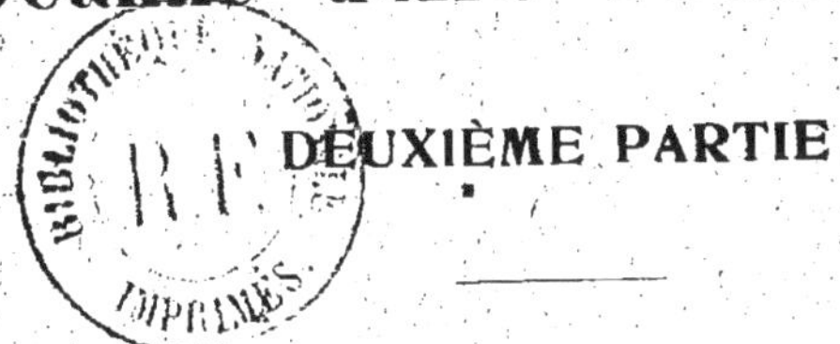

Béguinages et Tiers-Ordres

au Moyen-Age

(Extrait de l'Action Franciscaine)

— PARIS —

Action franciscaine — 117, Boulevard Raspail

COUVIN (Belgique) - Maison Saint-Roch

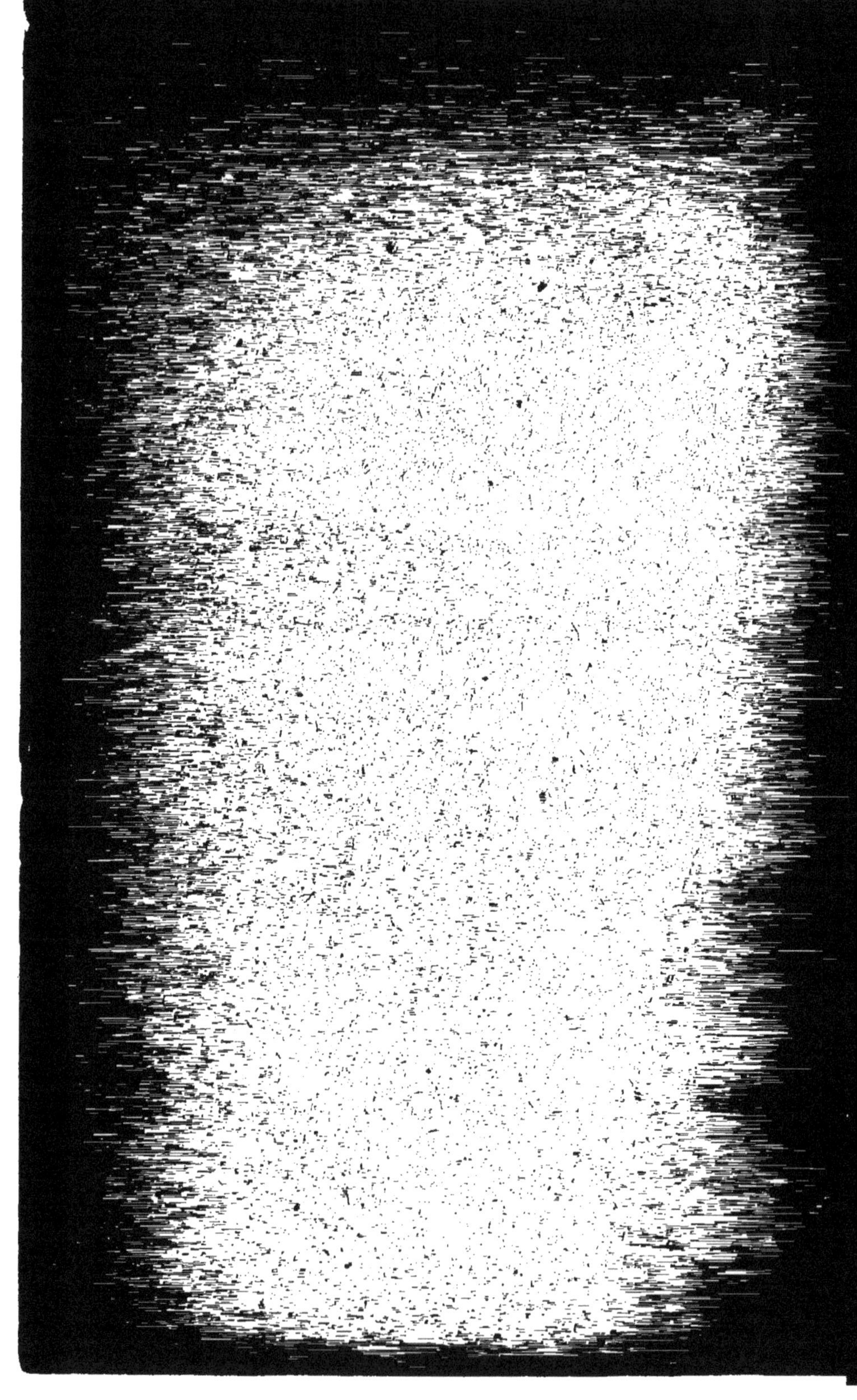

HILAIRE DE BARENTON

Jeanne d'Arc Franciscaine

DEUXIÉME PARTIE

Béguinages et Tiers-Ordres

au Moyen-Age

(Extrait de l'Action Franciscaine)

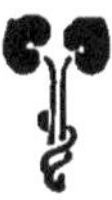

— PARIS —

Action franciscaine — 117, Boulevard Raspail

Couvin Belgique - Maison Saint-Roch

È iera begina

È IERA BEGINA, (1) et elle était béguine. Ainsi s'exprime la chronique de Morosini en parlant de Jeanne d'Arc. Ce texte, écrit en 1429, revêt une importance toute particulière. Il n'exprime pas seulement, en effet, l'opinion de celui qui l'a écrit, mais il raconte ce que l'opinion publique, après l'information de Poitiers, disait de Jeanne au pays de Bretagne, c'est-à-dire dans un pays bien placé pour avoir reçu des échos de ce procès informatif.

Les historiens n'en ont pas méconnu la haute portée. « C'est, à notre connaissance, écrit le P. Ayroles, le seul texte dont on pourrait induire qu'elle appartenait à quelque fraternité ou tiers-ordre. Aucun n'est spécifié. » (La VRAIE JEANNE D'ARC, III, p 520). — « La mère de Jeanne, écrit Gabriel Hanotaux dans la Revue des Deux-Mondes, 15 mai 1910, était-elle affiliée au Tiers-Ordre de Saint-François ? La coïncidence du pèlerinage (au Puy) avec le voyage de sa fille, et surtout la rencontre, probablement préparée, avec le frère Jean Pasquerel, pourraient le faire croire. Un historien l a même affirmé de Jeanne d'Arc. On pourrait prendre en ce sens le qualificatif de « béguine » qui lui fut appliqué par des contemporains. »

La haute portée de ce texte est donc reconnue. Mais le sens en était demeuré incertain. C'est ce sens que nous voulons dégager, en le remettant dans son milieu, c'est-à-dire dans la signification exacte qu'il avait au temps où il il fut écrit. Cette étude suffira, nous l'espérons, à dissiper les incertitudes à ce point de vue, et permettra aux historiens d'être plus affirmatifs et de fortifier l'induction de M. Hanotaux, et de ne plus dire seulement: « On pourrait prendre... », mais : « On doit prendre en ce sens (de tertiaire) le qualificatif de «béguine» qui fut attribué à Jeanne par des contemporains. »

<hr>

(1) Le texte dit exactement: « *C'était une béguine, gardeuse de troupeaux.*

Le Béguinage de Jeanne d'Arc

Ce travail sur les Béguines et les Tertiaires au moyen âge, a été entrepris dans le but de fixer exactement en quoi consistait le béguinage de Jeanne d'Arc. Nous avons été assez heureux de mettre la main sur un grand nombre de documents concernant cette question : récits des chroniqueurs et des écrivains ecclésiastiques, questions débattues par les théologiens et jurisconsultes, décisions des tribunaux ecclésiastiques, bulles des papes et décrets des conciles.

L'histoire des Béguines nous est donc maintenant assez connue pour affirmer et établir la solution du problème que nous nous étions posé. La voici : au commencement du XVe siècle, c'est-à-dire au temps de Jeanne d'Arc, tous les béghards, béguins ou béguines, autres que les tertiaires, avaient été condamnés et supprimés par l'Eglise et cette loi avait reçu partout son application. En conséquence, on peut dire que tout béghard ou béguine, vivant en communion avec l'Eglise, était affilié à un tiers ordre et même au tiers ordre franciscain, le principal dont s'occupent les documents à cette époque. Quand donc, dans sa chronique, Morosini affirme, en reproduisant l'opinion alors courante parmi les contemporains, que Jeanne d'Arc était béguine, il voulait dire qu'elle était tertiaire franciscaine.

Nous n'allons point entreprendre ici, pour le moment du moins, la publication de tous les documents qui nous permettent d'affirmer ces conclusions. Ils absorberaient plusieurs numéros de cette revue et nous empêcheraient de traiter les questions d'actualité que nous avons négligées, depuis plusieurs mois déjà, à cause des péripéties de notre procès.

Nous nous contenterons de donner la trame de notre étude et quelques-uns des documents qui justifient nos conclusions.

L'institution] des Béghards et Béguines, dont on trouve des traces dès avant le XII⁰ siècle, se développa surtout au XIII', parallèlement aux Ordres mendiants, dominicains et franciscains. Tous les tiers ordres, franciscains, dominicains ou autres, étaient considérés comme des béguinages. Mais tous les béguinages n'étaient pas des tiers ordres. Cependant, béguinages et tiers ordres fonctionnaient à peu près sur le même mode d'organisation. Il en était pourtant qui insistaient plus que les autres sur la pratique de la pauvreté et de la pénitence ou continence. Certains même semblent avoir mis ces deux vertus, avec la prière, à la base de leur institution. Ils s'interdisaient de rien posséder et vivaient d'aumônes.

Ce serait même, d'après plusieurs auteurs, cette habitude de la mendicité qui leur aurait valu leur nom de Béghards et Béguins. Les langues allemandes et anglo-saxonnes ont, en effet, des mots dérivant d'une racine *beg*, *big* qui signifient *demander, prier, mendier, servir*. Les Béghards, d'après ces auteurs, seraient des mendiants (1). De fait, les documents nous les montrent, en Allemagne, parcourant les villes, les villages, en criant : *Brod durch Gott*, qui signifie : *Du pain pour Dieu*. Cet usage n'était pas pratiqué de tous, mais de quelques-uns. Il fut un grief souvent invoqué contre eux, dans les conciles, pour les faire supprimer.

L'apparition des béguinages répondait à ce merveilleux élan vers une perfection évangélique très haute, qui se manifesta, dans les populations chrétiennes, à la fin du XII⁰ siècle. En beaucoup d'endroits, ce mouvement religieux avait dévié vers l'hérésie et spécialement vers le manichéisme. Tel avait

---

(1) Peut-être serait-il aussi vrai de faire dériver ce nom de Béguins de la racine *beg*, dans sa signification de *prière?* Les béguins seraient des hommes de prières, des orantes, des dévots, de *bigots*. C'est ce sens qui est resté en français. —Peut-être encore est-ce le sens de *servir* qui est le sens étymologique? car les serviteurs ou convers des monastères étaient appelés béguins.

été l'origine des Vaudois, des Cathares, des Albigeois. Là où ce mouvement était resté dans les bornes de l'orthodoxie, il avait enfanté les béguinages.

Mais les béguinages ressemblaient trop à de nombreux troupeaux sans pasteurs. Ils étaient à la merci des loups qui pouvaient facilement les séduire et les entraîner dans leur perte. Heureusement, pour les réunir et coordonner dans une belle armée facile à conduire, Dieu suscita le grand patriarche d'Assise, le fondateur des Frères Mineurs, des Pauvres Dames et du Tiers Ordre de la Pénitence.

Avec ces trois ordres, saint François mettait à la portée de tous les aspirants à la vie parfaite des institutions orthodoxes, c'est-à-dire soumises à des autorités régulièrement constituées et en communion avec Rome. Les âmes aspirant vers la pauvreté parfaite, la continence, l'oraison, la prière, la vie commune, trouvaient leur idéal dans le premier et le second Ordre. Les âmes désireuses de rester dans le monde, mais choquées par cette vie de plaisirs et de luxe auxquels se laissait entraîner la multitude des chrétiens, même le clergé séculier et régulier, éprises de l'idéal de pauvreté et de pénitence prêché par l'Evangile, trouvaient dans le tiers ordre l'institution qui leur convenait.

L'Eglise vit, dans les trois fondations franciscaines, la solution de la question sociale ou plutôt religieuse alors pendante. Elle favorisa, de toutes ses forces, leur expansion, et partout elle pressa les Béghards, les Béguins et Béguines d'entrer dans l'un des trois ordres. On obéit avec empressement. L'élite courut vers les Frères Mineurs ou les Pauvres Dames, la multitude s'enrôla dans le Tiers Ordre.

Mais, quand cette multitude fut entrée dans la famille franciscaine, ce fut alors que les difficultés commencèrent et bientôt apparurent insurmontables. *Initia fervent,* les commencements sont faciles, parce que l'on est tout à la ferveur. Mais bientôt la fatigue arrive et avec elle le relâchement et l'insubordination.

Ce relâchement se manifesta dans les trois ordres à la fois. Nous n'avons pas à nous occuper des deux premiers. Le troisième, qui avait fini par englober la plupart des Béghards et Béguines, dévia, en beaucoup d'endroits, en une sorte de société de secours mutuels. On se faisait tertiaire, non plus pour faire pénitence ou pratiquer la pauvreté, mais pour s'exempter des charges publiques ou seigneuriales et afin de trouver, dans toutes les difficultés, l'appui de l'association.

Les directeurs du tiers ordre essayèrent de ramener l'institution à son but primitif. Ce fut en vain. Les ministres laïques, élus de la fraternité, refusèrent d'obéir et prirent la direction effective de l'ordre. On vit alors une véritable crise de laïcisme se déclarer. Ceux qui s'expliquent difficilement aujourd'hui les défiances de l'Eglise vis-à-vis du *Sillon* et autres institutions moitié politiques, moitié sociales et religieuses, pourraient peut-être trouver des raisons justificatives, dans cette expérience du XIII' siècle.

La crise alla si loin que le premier ordre franciscain, le protecteur naturel du tiers ordre, crut devoir se désintéresser de l'institution et renoncer à sa direction. Saint Bonaventure nous a donné les motifs de cette grave détermination dans une de ses *Questions sur la règle*. Nous les résumons ici parce qu'ils dévoilent assez clairement, quoique d'une manière atténuée, la triste situation, au point de vue de l'orthodoxie, où se trouvaient alors le tiers ordre et les béguinages. Saint Bonaventure répond à cette question : *Pourquoi les Frères Mineurs ne s'occupent plus de promouvoir le Tiers Ordre?*

« Si nous promouvions cet ordre, dit-il, il faudrait nous occuper de ceux qui seraient admis par nous et ils absorberaient toute notre activité. Ils exigeraient que nous les protegions même dans les intérêts matériels, en face de la justice, en face de leurs maîtres, en face de la cité. Si l'un d'eux tombait dans la misère, il faudrait lui venir en aide et beaucoup entreraient dans l'ordre par cette espérance d'être à

l'abri du besoin, surtout les femmes ou béguines. Si l'une de
ces tertiaires (il les appelle *nudipedissœ*, va-nu-pieds) se
conduisait mal, on nous en rendrait responsables et leur
infamie retomberait sur nous.

« Si la cité ou l'État avait besoin de leurs concours, nous
ne pourrions les faire exempter des subsides, des tailles, des
veilles nocturnes, du service militaire à faire par eux-mêmes
ou par des remplaçants, ni des subsides et des secours à
accorder à leurs seigneurs, dont ils sont feudataires, ou
envers lesquels ils ont des charges.

« Le clergé nous reprocherait de lui enlever les brebis de
son troupeau, afin de nous approprier les dons qu'il en attend.
Les chapitres secrets, pour la correction des délinquants,
qu'il nous faudrait tenir, seraient assimilés aux réunions
secrètes des hérétiques; et l'on nous dirait que le droit de
corrriger les fidèles appartient aux légitimes pasteurs.

« En cela, nous aurions contre nous les apparences. Car,
nous citons les propres paroles de saint Bonaventure, les
Maîtres provinciaux des tertiaires, comme ils sont laïques et
mariés, ont une certaine ressemblance avec les Maîtres des
hérétiques. Et, s'ils ne le font pas par un vil motif de jalousie,
cependant, en fait, au mépris du clergé, les tertiaires se
donnent, comme Maîtres et docteurs, des laïques en habits
laïques et portant le même nom que les hérétiques. Nous, qui
vivons sous une seule règle et avec de nombreux supérieurs,
nous avons peine à garder la vigueur de notre institut et à
en empêcher le relâchement. Comment dès lors pourrions-
nous garder longtemps dans la bonne voie un ordre, dans
lequel chacun se retire dans sa maison, exerce un métier qui
lui est propre, doit avoir soin de ses affaires, de son épouse,
de ses enfants, vit au milieu du siècle, parmi les dangers du
monde et de la chair, un Ordre dont les membres ne sont pas
astreints à l'obéissance, si ce n'est de leur bon vouloir, et que
nous n'avons aucun moyen de contraindre? Dans ces condi-

tions, n'est-il pas nécessaire que croulent, entre nos mains, la discipline et la justice? »

**

Le mal était donc profond. Mais il devait aller en s'aggravant rapidement. Privés de leurs directeurs naturels, les tiers-ordres et béguinages se laissèrent aller aux plus grands écarts de doctrines et de morale. L'Eglise dut prendre des moyens énergiques pour remédier à la situation. Ils furent simples, mais décisifs. Elle commença par ramener la règle du tiers-ordre à sa pureté primitive et elle le soumit à la direction obligatoire du premier Ordre, en instituant l'usage des visiteurs. C'était en 1289-1290. Pour compléter cette mesure le concile de Vienne, en 1311, prononça, par deux constitutions, la suppression de tous les béguinages, et obligea les Béghards et Béguines à prendre la nouvelle règle du tiers-ordre ou toute autre règle approuvée par l'Eglise. Voici la plus importante de ces constitutions, connue sous le nom de *Cum de quibusdam mulieribus.*

« Il existe une classe de femmes appelées vulgairement béguines, lesquelles ne promettant obéissance à personne, ne prefessant aucune règle approuvée, *nulli promittant obedientiam neque profiteantur aliquam regulam approbatam,* ne sont nullement religieuses.

« Elles portent cependant l'habit qu'on appelle l'habit des Béguines, elles adhèrent à certains religieux selon les caprices de leurs préférences. Or, nous avons appris par des témoignages dignes de foi, que certaines d'entre elles, guidées par un esprit de folie, disputent des mystères de la Sainte Trinité et de l'Essence divine, et prêchent, sur les articles de foi et les sacrements de l'Eglise, des opinions contraires à la foi catholique, trompent les simples, les induisent en diverses erreurs et commettent, sous les apparences de la sainteté, beaucoup d'autres imprudences dangereuses pour les âmes. À cause de ces bruits répandus, touchant leur mauvaise opinion, *de earum opinione sinistra frequenter auditis,* nous les tenons justement pour suspectes, et nous avons cru devoir, avec l'approbation du concile, proscrire leur état... Aux religieux susdits, qui entraînent ces femmes vers l'état de béguinage, nous défendons, sous peine d'excommunication, qu'ils encourront par le fait même, de s'occuper de ces femmes déjà admises au béguinage ou s'y préparant, et de leur prêter conseil, appui ou faveur. Ce décret abolit tout privilège contraire. Toutefois, par ce décret, nous n'entendons nullement empêcher dans leurs desseins, les pieuses femmes qui, soit avec promesse de garder la continence, soit sans cette promesse, vivant honnêtement dans leurs demeures, veulent faire pénitence et servir le Seigneur des vertus en esprit de penitence. Que cela leur soit permis autant que le Seigneur le leur inspirera. »

Ce décret de Clément V avait été rendu nécessaire à cause du pullulement des béghards et des béguines hérétiques. Il n'en devait pas moins être fatal pour tous les béguinages en général, même les meilleurs. Il posait à la vérité deux exceptions, qui auraient dû leur profiter. La première était en faveur des béguines vivant sous l'obédience de supérieurs légitimes et sous une règle approuvée (1); la seconde prenait la protection des continentes qui ne portaient ni l'habit ni le nom de Béguines. Dans la première exception se trouvaient les tertiaires, vivant selon la règle approuvée en 1289. Il ne semble pas que les évêques ni les inquisiteurs aient pris garde à ces exceptions. On les voit immédiatement, à la suite de ce décret, procéder à la suppression pure et simple de tous les béguinages. Aucun n'y échappe, en France, en Allemagne, en Belgique, ni ailleurs. Le nom, l'institution, l'habit, tout fut proscrit avec la même rigueur inflexible.

Quels furent les gémissements, la désolation, les larmes, parmi les béguines fidèles, frappées pour des crimes et des erreurs qu'elles n'avaient pas commises; quelle fut leur honte

---

(1) La bulle était dirigée contre les Béguines qui *nulli promittunt obedientiam neque profitentur regulam approbatam.*

de se voir après toute une vie souvent passée hors du siècle, obligées de rentrer dans le monde, d'en reprendre les habitudes, et marquées au front d'une inculpation d'orgueil et d'hérésie ; il est facile de se l'imaginer. Les chroniqueurs nous en ont conservé un écho douloureux.

Jean Vitoduranus, écrivain Suisse (1), en parle en ces termes : « Jean XXII, dit-il, fut obligé de publier plusieurs décrets contre la défense portée par son prédecesseur et spécialement dans la constitution *Cum de quibusdam mulieribus* à cause de laquelle de grands scandales et dangers s'étaient élevés en Allemagne. La publication de cette constitution, en effet, qui fut très mal comprise, et appliquée, d'une façon opiniâtrement erronée et menteuse, dans toutes les chancelleries de l'Allemagne, brisa atrocement le cœur d'une multitude innombrable de sœurs du tiers-ordre franciscain et de beaucoup d'autres, *innumerabilia corda sororum tertii sancti Francisci ordinis et etiam aliarum multarum fuerunt gravissime sauciata*. Car il leur fallut déposer leur habit religieux et revêtir le costume des séculiers. Beaucoup d'entre elles, soit dans leur propre maison, soit dans celle de leurs parents, pendant 40 ans et plus, sous leur costume gris, noir ou blanc, avaient servi le Seigneur, en chasteté et dans la pratique de toute sorte de vertus et de bonnes œuvres. Elles se voyaient forcées par leurs curés de revêtir des habits rouges, jaunes, verts ou bleus, etc. Et cependant la constitution dont il s'agit ne parle et n'entend parler que des Béguines, qui ne promettent obéissance à personne, *non loquitur nec intendit nisi de beginis quœ nulli promittunt obedientiam*. »

En France se commirent les mêmes excès de zèle; tous les béguinages reçurent l'ordre de se dissoudre et les béguines de rentrer dans la vie séculière:

« Lors les Béguines, dit le continuateur de Saint-Victor, furent privées de béguinage et leur ordre condamné ; on n'y

---

(1) *Thesaurus script. helvet.*

chantait plus, et on n'y lisait plus. Mais Dieu merci l'Ordre de Saint Dominique et l'Ordre de saint François, il fut depuis lors déclaré que celles de Paris et de plusieurs autres bonnes villes demeureraient en leur état (1) ».

De fait, comme le remarque ici le chroniqueur, le salut vînt aux béguines de l'intervention des Dominicains et des Franciscains. Ceux-ci prétendirent que les Béguines de leur obédience n'étaient pas comprises dans le décret de dissolution, car elles professaient une règle approuvée et vivaient sous l'obédience ou l'obéissance de supérieurs approuvés. Ils agirent donc en leur faveur.

Un des premiers à se rendre compte de la méprise et à prendre officiellement leur protection fut l'évêque de Strasbourg, qui s'appelait Jean. Les tiers ordres étaient très florissants dans les contrées d'Alsace. Dans un décret daté de l'an 1317, où il condamne divers sectes de béghards et béguines, il exclut formellement les tertiaires :

« Dans cette sentence de damnation, dit-il, ne sont point compris les religieux du tiers ordre de saint François, ni les Béguines honnêtes vivant dans le siècle ou toutes autres personnes rattachées aux Frères des Ordres approuvés et obéissant à leur direction. *Religiosis qui sunt de tertia regula Fratrum Minorum aut Beginis honestis secularibus, vel etiam quibuslibet aliis familiaribus Fratrum approbatorum Ordinum et secundum eorum consilium se regentibus.* (Voir L. de Mosheim, Loc. cit p. 327.) Nous voulons que ceux-ci continuent d'exister comme dans les autres provinces. »

---

(1) *Hist. de Fr.* XXl. 666. — XX. 618.

Comme exemple de cette interprétation exagérée, nous pouvons citer encore le décret synodal publié en 1318 par Pierre, évêque de Mayence: « En conformité, y est-il dit, avec la récente constitution, nous défendons, sous peine d'excommu-nication, qu'aucune personne ne se tienne désormais pour béguine et n'en prenne le nom, l'habit ou la condition de quelque manière que ce soit, et nous défendons à tout homme de les favoriser en cela d'aucune façon. » C. F. Laur de Mosheim, *De Beghardis* p. 528.

Il voulut même porter la question à Rome. Il écrivit une longue lettre au pape Jean XXII, lui exposa la situation et en reçut une réponse favorable.

Un rescrit semblable du même pape avait été rendu en faveur des Dominicains d'Italie. Comme il est moins long, nous allons en citer les principaux passages :

« Nous avons appris qu'il existait en Lombardie et Toscane des femmes appelées vulgairement béguines, mais de la pénitence de saint Dominique, qui, répandant la bonne odeur des vertus, vivent honnêtement, fréquentent les églises, obéissent à leurs prélats, ne sont impliquées dans aucune discussion ni erreur.... mais dans une sainte et solide simplicité, habitent les unes chez elles, d'autres chez leurs parents, d'autres dans des maisons qu'elles ont louées, ou dans des maisons communes mais bien habitées, quelques-unes enfin, forcées par la pauvreté, demeurent dans des maisons communes et dans divers béguinages, pour mieux garder la chasteté; et, jusqu'à ce jour, ont vécu et vivent encore sans reproche, sans soupçon contre elles d'aucune sorte, en méritant l'éloge de tous. Or, parce qu'il est injuste de frapper les innocents avec les coupables, et afin d'éviter les troubles, les scandales, les dangers de guerre, on nous prie de pourvoir sur ces femmes selon la prudence du Siège apostolique.... »

Jean XXII demande une enquête et, si elle est favorable, il ordonne de laisser en paix ces Béguines dominicaines, jusqu'à ce qu'il en ait été décidé autrement par le Siège apostolique.

****

Le résultat de cette lutte contre les Béghards et Béguines fut le triomphe définitif du tiers ordre. Lui seul, en effet, offrait aux personnes non religieuses une règle approuvée par l'Eglise et une autorité constituée à laquelle ses membres pûssent légitimement prêter une obédience, pour l'observance de leur règle. Les Béghards et Béguines durent, en conséquence, adopter cette règle du tiers ordre ou disparaître.

Cette soumission à la nouvelle discipline de l'Eglise ne se fit cependant pas sans résistances souvent opiniâtres. Le grand schisme, qui éclata sur ces entrefaites, fut, du reste, favorable aux réfractaires. Néanmoins les papes, durant plus d'un siècle, n'hésitèrent pas à revenir à la charge. On a contre les Béguins les décrétales de Jean XXII, d'Innocent VI, d'Urbain V, de Grégoire XI, de Boniface IX. La décrétale d'Urbain V nous apprend même que les Béghards hérétiques, pour échapper, sans doute, aux poursuites, avaient adopté la règle du tiers-ordre. Nous ne pouvons raconter tous les incidents de la lutte, nous nous bornerons à en marquer la conclusion qui seule nous intéresse.

A partir du XIVᵉ siècle, conformément à la législation nouvelle, on voit presque tous les Béguins et Béguines soucieux de rester orthodoxes et d'échapper aux vexations, demander leur affiliation au tiers-ordre franciscain. Les documents sont abondants sur ce point. Nous en citerons quelques-uns :

« En 1283, à Arschot, ville du Brabant, se fonda un établissement de Béghards, en partie au moyen de ressources privées, en partie aux frais publics. Les associés cependant ne restèrent pas longtemps dans leur état primitif, mais, après 40 ans, en 1323, ils embrassèrent la troisième règle de saint François (1). »

« A Tênes (Tenis) sont les sœurs grises qui ont embrassé la troisième règle de saint François ; elles débutèrent et se constituèrent sous la direction des Béghards (2). »

« A Diest se trouve le couvent des sœurs grises (c'était le nom donné autrefois aux Béguines à cause de la couleur de leurs vêtements) ; elles dépendaient autrefois des Béghards (3).»

Au sujet des Béghards de Bruges, Damhouder dit : «Quand ils virent que tous leurs frères, soit pour cause de

<hr>

(1) *Laurent de Mosheim de Béghardis*, p. 179
(2) Gramaye. *Antiquit. Belg. in Tenis*, p. 42.
(3) Ibid. *in Diesto*. p. 68.

sécurité, soit pour l'estime qu'ils lui portaient, avaient donné leur nom au tiers ordre franciscain, l'an 1450, ils demandèrent eux-mêmes à Nicolas V la permission de suivre cet exemple (1). »

Le même Nicolas V, en 1453, ordonnait également aux Béghards qui avaient fondé pour eux une petite cité, près de Bruxelles, de prendre la règle du tiers-ordre et de continuer à porter la couleur grise (2). »

« Ceux qui aujourd'hui veulent être appelés Béghards, déclare L. de Mosheim (3), ont succédé dans les biens et maisons à leurs frères les anciens Béghards; mais ils ont embrassé la règle la plus large de saint François, c'est-à-dire la troisième, et ils ne se distinguent, presque en aucune manière, des autres profès du tiers-ordre, si ce n'est par le culte qu'ils portent à sainte Bègue, de laquelle ils prétendent, sans raison, tenir leur nom. Les Béghards ne gardèrent pas longtemps leur première organisation sans changement; car, après que le Pontife romain eut approuvé le tiers ordre franciscain, ils s'y inscrivirent, non tant pour l'estime qu'ils en avaient, que pour échapper aux dangers qui les menaçaient dans leurs personnes et dans leurs biens. »

La loi ecclésiastique, qui ordonnait l'inscription des Béghards et Béguines à une règle approuvée, et spécialement à un tiers-ordre, seule institution approuvée pour les laïques, fut poursuivi avec tant de vigueur que bientôt le nom de Béghard, Béguin, Béguine, fut synonyme de tertiaire. Et l'auteur de *Breviloqui*, cité par Charles du Fresnes, rapporte que, de son temps, le nom de Béguin désignait communément les profès du tiers ordre: « *Beghardus et Beghina et Begutta sunt viri et mulieres tertii ordinis* (4). »

---

(1) *Apud Sandher Rerum Brug.* Lib. IV. C. XI p. 265.
(2) Grimaye. *Antiq. Belg. in Bruxell.*, p. 31.
(3) *De Beghardis et Beguinabus*, p. 187. Laurent de Mosheim écrivait vers 1750.
(4) Voir Laur. de *Mosheim.* Loc. cit. p. 62.

En 1403, le dominicain Jean Muilberg, de Bâle, composa un écrit contre les Béghards et les Béguines : *Super repro-batione statu eorumdem*, où il rappelait la doctrine de l'Eglise et établissait que leur état était réprouvé.

Les rites, la secte, l'habit, le genre de vie des Béghards et des Béguines, disait-il, sont réprouvés, au point qu'ils sont frappés d'excommunication.

Il prouve sa thèse en citant contre eux les canons de l'Eglise et spécialement le décret de Boniface IX qui annule les concessions et exemptions qui leur avaient été octroyées, soit par ce pape lui-même, soit par ses prédécesseurs. Il rappelle également les décrets des évêques de Strasbourg Jean, Lambert et Frédéric, par lesquels ces évêques déclarent que les Béguines sont excommuniées par les constitutions de droit commun et ont besoin d'être absoutes de leurs censures, lorsqu'elles rentrent dans l'obéissance à l'Eglise.

Au sujet de la mendicité à laquelle beaucoup se livraient, il dit qu'elle est interdite aux clercs comme aux laïques valides, et qu'elle n'est permise qu'aux Ordres mendiants, en vertu du droit à eux concédé.

De ces prémisses, il tire les conclusions suivantes :

1° La secte des Béghards et des Béghines ne doit pas être admise dans la communion des fidèles du Christ;

2° Les Béghards et les Béguines qui, en se livrant à la mendicité, en recevant des aumônes, en se livrant à leurs cérémonies vaines, prétendent suivre les traces du Christ et être plus parfaits que les autres chrétiens, doivent, hommes et femmes, être accusés de futilité, d'erreur et de témérité;

3° Les Béghards et les Béguines doivent être privés de la nourriture spirituelle, c'est-à-dire des sacrements, et l'on doit leur refuser la nourriture corporelle;

4° Bien que la troisième règle des Frères Mineurs, appelée des Pénitents, soit admise comme approuvée, cependant ses membres de l'un et l'autre sexes ne doivent pas être traités comme religieux mais comme laïques dans la sainte Eglise de

Dieu. En conséquence, ils ne jouissent des privilèges accordés aux clercs ni pour leurs personnes ni pour leurs biens. Ils sont donc laïques. Et les membres du tiers ordre ne doivent jouir ni des bénéfices ecclésiastiques, ni des fondations, ni des offrandes ou aumônes, puisqu'ils ne sont pas religieux mais laïques. Ils doivent vivre de leur travail. En conséquence, les hommes et les femmes du tiers ordre, qui imitent l'état, la manière de vivre (mendicité) et de s'habiller propres aux Béghards et aux Béguines, malgré leur profession du tiers ordre, sont réprouvés et frappés des censures de l'Eglise.

Le bruit de cette controverse soulevée à Bâle contre les Béguines par le fougueux dominicain parvint à Strasbourg. Là, se trouvaient de nombreux béguins et béguines. Comme plusieurs se livraient à la mendicité, leur présence importunait les citoyens. On réunit donc les jurisconsultes et autres savants pour délibérer sur ce qu'il fallait faire à leur sujet. Tous, après mûr examen de la question, répondirent que cette secte était condamnée par les Souverains Pontifes et dès lors ne pouvait être tolérée. D'après cet avis, le Sénat porta un édit qui ordonnait à tous les Béghards et Béguines, sans excepter ceux qui suivent la règle du tiers-ordre franciscain, de quitter leur costume qui les distinguait du peuple, de cesser la quête ou de quitter la ville. La plupart obéirent; mais certaines femmes préférèrent quitter leur patrie plutôt que de se soumettre et s'en allèrent à Mayence, où elles savaient trouver des compagnes de la même vie (2).

Les Béghards et Béguines de Bâle furent également frappés, sans excepter les tertiaires. Nous savons par la chronique de Glassberger (1) qu'en cette ville, les Frères Mineurs

---

G. F. L. a Mosheim *de Beghardis et Beguinabus*, p. 455.

(1) Il est dit encore que « les tertiaires ressemblent aux autres Béguines par le nom qu'elles portent, puisqu'on les appelle vulgairement sœurs, swestrions, béguines, et d'autres noms semblables. »

(2) Edit. Quaracchi, p. 282 *et seq. ad annum 1410,*

prirent leur défense. Un procès fut engagé afin de faire rapporter les censures portées contre eux. La sentence leur fut favorable. L'évêque dut rapporter sa sentence. Nous donnons les passages principaux de cette rétractation: ils montreront, mieux que tout commentaire, qu'il n'y avait plus de place, dans la cité chrétienne, pour les Béguines, en dehors des tertiaires.

« Le seigneur Landulphe, cardinal de la sainte Eglise romaine, établi juge et commissaire en la cause par le seigneur pape Alexandre V, nous ordonne de réformer une sentence d'excommunication, de suspense et d'interdit que nous aurions portée, conformément à la constitution clémentine *Cum de quibusdam mulieribus*, contre les Béghards et Béguines et contre les tertiaires de saint François, de la Pénitence, condamnés parce qu'ils portaient l'habit de ces Béguines et imitaient leur genre de vie, et contre les Frères Mineurs de Bâle, accusés de les favoriser; et il nous enjoint de la rapporter autant qu'elle atteint lesdits frères et sœurs de la Pénitence et lesdits Frères Mineurs et de réparer tout le préjudice qui a pu en résulter pour eux..... Nous révoquons donc et cassons lesdits procès, peines et sentences, en tant qu'ils atteignent les frères et sœurs desdits Ordres..... »

Les Béguins et Béguines non tertiaires étaient donc de droit disparus de l'Eglise au moment où naquit Jeanne d'Arc. Malheureusement pour les tertiaires mêmes, beaucoup d'hérétiques, qui précédemment s'étaient dissimulés sous le nom des Béguins et Béguines indépendants, s'introduisirent dans le tiers ordre lui-même. Les hérétiques recherchaient ce voile du tiers ordre, afin de pouvoir capter plus facilement la confiance et semer leurs erreurs. L'habit des tertiaires, qui alors portaient le froc et le scapulaire de bure, favorisait ces menées. Aussi, en 1414, le Concile de Constance jugea nécessaire de prendre une mesure contre le port extérieur de ce costume. Il n'autorisa les tertiaires à se revêtir de leur saint habit qu'à l'intérieur des endroits destinés au culte. Les tertiaires, selon leur règle, durent continuer de s'habiller modestement pour la couleur et le prix de l'étoffe. Mais leurs vêtements extérieurs devaient avoir la même forme que ceux des laïques ordinaires.

Nous achevons ici ce résumé de notre étude. Il suffit, croyons-nous, pour établir notre thèse, à savoir qu'au temps de Jeanne d'Arc, toutes les Béguines orthodoxes étaient tertiaires (1) et, en général, tertiaires franciscaines. Or, on ne peut douter que Jeanne d'Arc n'ait été jalouse de son orthodoxie. Si donc elle était Béguine, comme l'affirmait l'opinion qui courait dans le public, après l'information de Poitiers, et dont s'est fait l'écho la *Chronique de Morosini*, et comme l'impliquent également tous les détails de sa vie religieuse, c'est qu'elle était tertiaire.

Quant au tiers-ordre auquel elle appartenait, nous avons prouvé dans notre travail publié ici, l'année dernière (2), que ce ne pouvait être que le tiers ordre franciscain.

Hilaire de Barenton.

----

(1) En Belgique, deux sociétés de Béghards : les *Cellites* et les *Clercs de la vie commune*, réussirent à se maintenir, sans s'affilier, croyons-nous, au tiers-ordre. Mais, pour subsister, elles durent faire de nombreuses démarches auprès des papes. soutenir des procès et n'obtinrent gain de cause qu'au Concile de Constance, grâce à de hautes protections. Plus tard, elles furent de nouveau inquiétées. Cette exception confirme donc la règle.

(2) Jeanne d'Arc franciscaine, brochure illustrée, papier fort : 1 fr.

www.ingramcontent.com/pod-product-compliance
Ingram Content Group UK Ltd.
Pitfield, Milton Keynes, MK11 3LW, UK
UKHW020020100726
13658UKWH00003B/1015